ゆうやけで輝く子どもたち

障害児の放課後保障と実践のよろこび

村岡真治

全障研出版部

はじめに

私は、ゆうやけ子どもクラブ（障害のある子どもの放課後活動。東京・小平市）にボランティアとして関わって三〇年。そこの職員になって二一年になります。しかし、いったんなった中学校教員を辞めてまで、ゆうやけ（略称）の職員になろうとは、自分でも思いもよらないことでした。

なぜ、そこまでして――。

私は、ゆうやけの職員になって日が浅いころ、ハイキングの引率をした。当日はあいにくの雨天。しかし参加者は、元気に歩ける子どもと大人たち。私は、「傘を差して歩こう」と、予定どおりハイキングを決行した。ところが、雨足は強まるばかり。そして、全員がずぶ濡れになるハメに……。

「村岡さんは昔、融通がきかなかった」。当時の保護者はいつもそう言う。確かにそうだった。だが、そんな私も今では、かなり柔軟に――。子どもたちとの出会いのおかげだ。

文哉（特別支援学校小学部四年。自閉症）はきょうも、一人でミニカーを床に並べて過ごしている。

指導員がそばでミニカーを走らせると、「ヤダ」とそっぽを向いてしまう。

私はしばらく眺めていた。すると文哉は、ミニカーを畳台から床にわざと落とした。しかも、「ドシン」と呟きながら……。（変化の楽しめる遊びが好きなのかも知れない）。私は、文哉の体を抱きかかえて、「ドシーン！」と言いながら、マットの上に下ろしてみた。

みんなでフォークダンスを踊っているとき――。文哉はやはり参加してこない。だが、こっちを見ながら、その場で飛び跳ねている。（これも、働きかけのチャンス！）。私は、文哉を抱きかかえ、音楽に合わせて「ドシン、ドシン…」と歌いながら体を揺さぶる……。

そのうち文哉は、うるさいほどまとわりつくようになった。嫌がりもせず、私に体を預けてくる。（文哉にも、人と交わりたいという願いがしっかりと潜んでいた！）。

〝頭が固かった〟私に、〝臨機応変〟ということを、障害のある子どもたちが教えてくれたのだ。

確かに、ゆうやけの実践は、恵まれた条件の下で行なわれているのではありません。少ない常勤職員、ハードスケジュール（とりわけ夏期活動の〝過酷〟なまでの毎日）、障害者自立支援法（二〇〇六年施行）がもたらす先行き不安……。挫《くじ》けそうになることも時にあります。

けれども、困難な中でも、困難だからこそ、子どもが変わっていくことに励まされる――そんな実感が持てるのが、この仕事の醍醐味です。そして、この喜びこそが、私をゆうやけの職員であり続けさせてくれたのです。

本書に込めた思いは、次の二つです。

一、障害のある子どもの放課後活動は、単なる「お預かり」ではなく、子どもの育ちにも貢献できる。そんな子どもたちの「輝く姿」を知っていただきたい。

二、厳しい条件にあっても、「実践の喜び」を胸に現場に踏みとどまって、現状に立ち向かう決意を分かち合いたい。

学童保育に関わる皆さん、障害のある人びとに接する皆さん、障害のある子どもたちの保護者の皆さん、福祉・教育などの現場で奮闘されている皆さんに、ぜひ読んでいただきたいと考えています。そして、困難な今を生きている子どもたちの「発達の可能性」に共感をして、それを共有できるとしたら、これに勝る幸せはありません。

目次

カバーイラスト――永野徹子
写真――あがた・せいじ（17・25・93・103・128ページ）

第1章　ゆうやけは私の人生の「学校」

1　（自分さえよければ）から抜け出す

＊大学に私の居場所がない

今から三〇年前の一九七八年、私は大学一年生だった。横浜市内から都心の大学に通っていた。将来の目標は英語の教員になること。つい数カ月前まで受験勉強に明け暮れていた。（大学に入ったら、自分のやりたいことを思い切りやろう）――そう意気込んでもいた。

だが、入学した大学の外国語学部は、私よりはるかに語学に堪能な学生たちの集まりだった。しかも、相手を押しのけてでも自分を主張する彼らの雰囲気に私は圧倒された。英会話サークルに入ったものの、活動後にパブなどに繰り出して浪費する習慣も私のハダに合わなかった。私は、学内に自分の〝居場所〟を見つけることができずにいた。

ちょうどそんな時だった。見知らぬ一人の先輩学生が、授業前の教室に入ってきて、「小平市で障害児のボランティア活動を始めたから参加しないか」と、ひとしきり宣伝をしていった。私は「障害児」にはまったく関心がなかった。だが、「ボランティア活動」という言葉の響きに淡い期待を抱いた。（何かやりがいのあることが見つかるかも知れない）と。

（試しに一度行ってみよう。車椅子を押すくらいはできるだろう）。私は、先輩が黒板に書き残した連絡先に電話をしてみた。すると、「ぜひ来てください！」という返事があった。

＊「障害児と駆け回る人たち」がいる！

七月の土曜日。私は、電話で指示されたとおり、大学から電車を乗り継いで小平に出向いた。集合場所は「あさやけ作業所」。学校を卒業した、障害のある人たちの働く場所として、一九七四年に開設された。設立の母体は「めざす会」（一九七三年結成）という市民団体だ。この会には、障害のある在学中の子どもの保護者から、「放課後や夏休みなどに子どもが家に閉じこもりがち。そんな生活をなんとか変えたい」という声も寄せられていた。

「めざす会」に関わる若いボランティアたちは、保護者の願いに応えようと、遊びの会（「めざす会子どもクラブ」と命名。以下、「子どもクラブ」と略す）を始めた。一九七八年六月の土曜日のことだ。あさやけ作業所の一室と中庭を借りて、子ども四人とボランティア五人が集まった。

私が参加したのは、そんな子どもクラブの三回目の活動だった。

あさやけ作業所に到着すると、社会人や他大学の学生がボランティアとして参加していた。そうした人たちをまとめているのがリーダーの立花だ。彼女は、大学で児童心理学を学んだあと、保健所で働いていた。

しばらくして、子どもたちが母親に連れられてやってきた。私は、その姿を見て、すっかり驚いた。(どの子も走り回っている!)。車椅子に座っている子どもは一人もいない。私はそれまで、「障害=身体障害」と思い込んでいた。うかつにも、「知的障害」や「自閉症」というものをまったく知らなかった。

だが、それ以上に心を揺さぶられたのは、ボランティアたちの行動だった。彼らは、子どもたちと一緒になって駆け回って遊んでいたのだ。

(他人のために、どうしてこんなに一生懸命になれるのだろうか)。大学に入るために必死だったものの、所詮《しょせん》は自分のことしか考えてこなかった——そんな私にとって、「子どもと駆け回る人たち」との出会いは、まさに〝カルチャーショック〟だった。

(ここには、自分に足らないものがある)。私は急速にボランティア活動にのめり込んでいった。大学の英会話サークルからは逆に足が遠のいた。そして、「自宅(横浜)—大学(都心)—ボランティア活動(小平)」という「トライアングル生活」が始まった。

＊体ではなく、「社会を動かす運動」がある！

発足当初の子どもクラブは、週一回土曜日だけの活動だった。それでも、子どもたちの入会が相次いだ。親たちの口伝えで評判が広まっていったからだ。手応えを感じた私たちは、夏休み期間中に五日間の日中活動と一泊二日の合宿を行なった。すると秋には、参加する子どもが二〇人ほどに膨らんでいた。

そして、その年（一九七八年）の後半はあわただしい動きとなった。保護者から会費をもらって当面の財源を確保する。学校の体育館なども利用して活動日数を増やす。アパートを借りて事務所を構える。補助金の交付などを求めて市議会に請願をする。署名を集めるために市民に協力を訴える……。

こうした活動の中で私は、様々な話を聞いた。「障害のある子どもは、これまで学校教育が受けられなかった。だが都は、一九七四年に全員就学を実現した」「あさやけ作業所は、古い木造の長屋から始まった。それがようやく一九七八年に、国から認可された施設となった」……。そして、「それらはすべて、親や関係者が運動を起こして、社会を動かしてきた成果だ」と。

それまで私は、「運動」と言えば、「体を動かすこと」しか頭になかった。障害のある人が人間として当たり前の生活ができるようにするために社会を動かす――そんな運動があるとは夢にも思わなかった。

署名用紙も最初は、単なる紙切れにしか見えなかった。だが私は、「子どもクラブに補助金を」と訴えて知人から署名を集めるうちに気づかされた。この用紙には、保護者の願いだけではなく、ボランティアとしての私自身の願いも込められているのだと。

私は次第に、「運動」を身近なものとして意識するようになっていった。

＊「他人からあてにされる」経験

私は、子どもたちとの活動では、養護学校（現在の特別支援学校）小学部一年の光彦を担当することが多かった。

光彦は、とにかく動き回る。部屋の中にいても、あっと言う間に外に飛び出して、ビールびんを探して路地を疾走する。そして、ビールびんを見つけると、うれしそうに表面を撫で回す……。そのため、自宅からもしばしば行方不明になっていた。迷子にさせないためには、いっときも目が離せない子どもだ。

そんな光彦のことを立花が説明してくれた。「自分の行動をコントロールする力が十分に育っていないから、いきおい『多動』になる。ビールびんを撫で回すのも、興味のある物を触って確かめるような段階で、育ちが足踏みしているからだ」と。

私は、光彦と一緒に屋外を走りながら、（世の中には、こんなにたいへんな子どもがいるのだ）とつくづく感じた。そして、光彦を育てる家族の苦労を思わずにはいられなかった。

活動終了時、光彦を迎えに来た母親が私にしばしば言った。

「うちのような子をみてもらって、本当に感謝しています。子どもクラブがある日は、家に帰ってからとても落ち着いているんです。村岡さんには足を向けて寝られません……」

あまりにも大げさな表現ではあった。若いボランティアを定着させようという、母親なりの気づかいだったのかも知れない。だが、その言葉は私の中に素直に染み込んでいった。

(自分が他人からあてにされている)。私は心が晴れ渡るような気がした。こんな経験は生まれて初めてだった。

「他人のため」は「自分のため」――そのことを私は、ボランティアや保護者たちから学んだ。そして、受験競争の中で染み付いていた、(自分さえよければ)という考え方から徐々に抜け出していったのだ。

*自らやっていることが説明できない

子どもクラブ発足から二年目。市議会への請願が採択された。その結果、行政から補助金が交付されることが決まった。すぐに職員を置くことは無理だとしても、アルバイトなら置くことができる。ボランティアだけに支えられた活動から一歩前に踏み出せる。私たちにとっては画期的な出来来事だった。

ある日のこと。私は立花から、「アルバイトをしてくれないか」と声をかけられた。時間の融通が一番つくのが私だったからだろう。だが私は、自分が期待されていることを知って、とてもうれしかった。

こうして私は、大学二年から子どもクラブのアルバイトを始めた。大学の授業が終わってから週に数日、子どもクラブの事務所で活動の準備や電話かけなどをするのだ。

（アルバイトをするからには、少しは勉強をしなければ）。私はある時、大学のカフェで、障害者問題に関する本を読んでいた。

たまたま通りかかった学友が、「どうしてそんな本を読んでいるのか」と、いぶかしげに話しかけてきた。語学に関係のない本のタイトルが目に留まったようだ。私は手短に、障害のある子どものボランティア活動をしていると説明する。すると、その学友は真顔になって、さらに問いかけてきた。

「ボランティア活動など、経済の発展に貢献しないではないか。私たちは、社会に還元できることをすべきではないか」

「うーん……」

私は、不意打ちを食らって、唸るしかなかった。結局、ひとことも反論できなかった。（悔しい！）。自らやっていることも説明できないのが情けなかった。

（障害者問題をもっと勉強しなければ……）。だがそれは、大学での専攻とは畑違いの分野――。こうして私は、しばしば考え込むようになっていった。（自分が進むべき道は……）（自分はどう生きるべきか……）と。

英語の教員になる――それは、それまで疑う余地もない目標だった。だが私は、子どもクラブの活動を通じて、自分の生き方までも模索するようになっていた。

2　自分の本当の願いが浮かび上がる

＊土壇場で就職を撤回

私が大学を卒業するころには、立花も含めて、発足当時のボランティアのほとんどが仕事や学業の都合で活動から離れていた。子どもクラブ発足の母体となった「めざす会」も、あさやけ作業所が認可された以降は休会状態に入っていた。そのため、子どもクラブの運営の担い手は、新しいボランティアたちに移りつつあった。それだけに私は思わざるを得なかった。（草創期を知っている誰

第１章　ゆうやけは私の人生の「学校」

かが、子どもクラブに職員として残る必要があるのでは）と。

だが、そうした〝必要性〟を感じると同時に私は、（子どもクラブで働きたい）という気持ちも強くなっていた。自分たちの手で子どもクラブをつくってきた手応え。まだわからないことだらけの障害者問題を、これから本格的に追及していきたいという欲求……。それらが重なり合って、いつしか私の心を占めていた。

私は、（教員になるのか）、（それとも、子どもクラブの職員になるのか）で苦悩した。相談に乗ってくれた誰もが、教員になることを勧めた。行政から補助金が出ているとはいえ、身分の保障がほとんどない子どもクラブに就職するなど無謀なことに違いなかった。それでも私は、「子どもクラブの職員になる」と、周囲に公言してしまった。

だが、当時の子どもクラブには就業規則も給料表もなかった。朝夕に「おはようございます」「お疲れ様でした」と、同僚と挨拶し合えるような、ごく普通の職場の体裁すらない。そして、最終的に私の心に引っかかったのは、やはり身分の問題だった。先々のことを考えると、子どもクラブへの就職を簡単に決めてしまうことが怖くなってきた。教員採用試験に合格したことが、その思いに拍車をかけた。

私は土壇場で子どもクラブ就職を撤回したのだった。実にみっともなかった。

（自分は本当は弱くてダメな人間……）。私は半ば挫折感を引きずりながら子どもクラブを去った。
そして一九八三年、横浜市にある公立中学校の教員となった。

＊「不退転の決意」が欠けていた

赴任先の中学校では、英語の授業、クラスの副担任などのほか、ハンドボール部の副顧問も受け持った。

特にハンドボール部は思いがけず多忙だった。放課後や朝の練習だけではなく、休日には他校との練習試合などもあって、それらの付き添いをしなければならない。

このハンドボール部の顧問はベテラン教員の剣崎。彼の指導方法は〝強烈〟だった。試合中、ボールが回ってきた生徒に、「不退転の決意で進め！」と怒鳴るのだ。ボールを持ったまま、おたおたしている生徒がいるならば、「決意が足らない！」とさらに怒声が飛ぶ……。

そんなある日。試合が終わった夜、ハンドボール部の生徒の保護者たちが剣崎と私のために慰労会を開いてくれた。その帰りの電車の中。私は、涙がこぼれて止まらなくなっていた。酔いが回ってきたせいだろうか。昼間、剣崎が生徒たちに怒鳴っていた言葉が、私に向けられているように思えてきたのだ。（自分には「不退転の決意」が欠けていた。だから、子どもクラブから逃げ出してしまった……）。

私はその後、自分の胸に押し込めていたものを自覚していった。（やはり子どもクラブに戻るべきだ。そのことで、自分自身の弱さにも立ち向かえるのだ）と。すぐにでも小平に飛んでいきたい気分にも駆られた。だが、教員をすぐに投げ出すわけにはいかない。そのことが無性に歯がゆかった。

＊「心ここにあらず」の授業

初任者による「研究授業」も始まった。初任の教員が行なう授業を他の教員たちが参観して評価をするのだ。

授業後、私は酷評された。ある教員は、私の「good」の発音が「グッド」ではなく「グード」というように母音が伸びて聞こえると指摘した。（まさか。こんな初歩的なことさえ身についていないとは！）。私は、身の置きどころのない恥ずかしさに襲われた。思えば学生時代は、「小平大学・ボランティア学部・子どもクラブ学科」に所属していたようなもの。英語を磨くための勉強はろくにしてこなかった。

別の教員は、「授業とは生徒との一期一会。その日の授業は生徒にとっては一回切りのものだから、教師に失敗は許されない」と強調した。（失敗しない教員などありえるのか）――そんな思いが一瞬、頭をかすめる。だが、「失敗」だと批判されるほど頼りない授業だったのは事実だ。「心ここにあらず」の状態では、気迫のある授業などできるはずがない。

（このままでは一生後悔する）――そんな思いがいっそう募った。私はついに、「退職願」を出すことを決心した。

たった一年間の教員生活――。生徒たちや学校には迷惑をかけた。だが、私にとっては、何物にも替えがたい貴重な経験となった。自分自身の本当の願いが浮かび上がってきて、子どもクラブに戻る決意を固めることになったからだ。

3　不完全な私、支えられて今がある

＊「めざす会」時代の伝統が息づく

だが、子どもクラブにどうやって関わるか。就職しようにも、「職場」と呼べる実態がそもそもない――。

そんなとき、あさやけ作業所に職員の欠員があり、私を指導員として採用してくれた。私は、あさやけ作業所で働きながら、勤務後や土・日曜日などに子どもクラブでボランティアをすることにした。住居も小平に移した。

「教員を棒に振るなんて……」。けげんに思う人も中にはいた。だが、会計事務の見直し、事務所の移転、給料表・就業規則の作成、社会保険への加入など、子どもクラブが職場として成り立つための準備に、周りの多くの人たちが力を貸してくれた。

障害のある人たちの幸せのために、みんなで手をつなぐ――。「めざす会」時代の伝統が依然として息づいていたのだ。私には、そのありがたさが身に染みた。

*悲願の「職員三人体制」

一九八六年。あさやけ作業所を辞して、いよいよ子どもクラブに就職した。私にとって二度目の転職となった。

一時期は私一人の職場だった。一人で考えを巡らせて「職員会議」、一人で本を読んで「職員研修」もした。

だが、孤独ではなかった。子どもクラブの保護者たちが力強く支えてくれた。子どもが入会して間もない母親も、父母会の席上で熱弁をふるって、運営への協力を訴えてくれた。「子どもクラブの灯を消してしまわないことは私たちの務めだ」と。そうした親の思いに触れるにつけ、私は涙がこぼれそうになるほど感激した。

そんななか、行政との交渉で、補助金の増額が決まった。（保護者の期待に応えるためにも、早く職員集団を確立したい）。職員を少なくとも三人にすることが悲願となった。こうして、一九八九年に星（女性）、一九九一年には榎沢（男性）が職場に加わった。会議が会議らしくなった。仕事の役割分担もできるようになった。夏休み期間中の活動を中心にして、活動日数を大幅に増やすこともできた。

「職員三人体制」が実現した年。再出発の決意を込めて、「めざす会子どもクラブ」を「ゆうやけ子どもクラブ」へと改称した。夕焼けに照らされながら遊ぶ子どもたちの姿をイメージしたからだ。あさやけ作業所の「あさやけ」と対になることで、「めざす会」以来の伝統を受け継ごうという意思も込めた。

＊感慨深い三〇周年

私たちはその後、様々な課題に取り組んできた。

・拠点となる施設の確保――運動は一九九二年から。市が所有する元公民館の利用が実現したのは一九九七年。

・ゆうやけ第二子どもクラブの開設――運動は一九九八年から。行政からの補助金交付が実現したのは二〇〇三年。

三〇周年を迎える二〇〇八年には、ゆうやけ「第一」「第二」を合わせて子どもが七〇人（一日平均で四〇人）、常勤職員七人、アルバイト指導員三〇人（一日平均で二〇人）、ボランティア多数が所属する集団になった。

（よくぞここまで成長したものだ）。三〇年前を知っている私には感慨深い状況だ。

同時に私は、人との出会いの大切さも痛感せざるを得ない。（大学に〝居場所〟がなかったとき、ボランティア活動に出会わなければ……）（教員を辞めたとき、子どもクラブの職場づくりに協力してくれる人たちがいなければ……）――そう思うと、そら恐ろしい気持ちにさえなってくる。

私は、不完全な人間だった。だが、多くの人たちに支えられて今がある――。

ゆうやけとの出会いは私の生き方を大きく変えた。ゆうやけは私にとって、まさに人生の「学校」であったのだ。

第１章　ゆうやけは私の人生の「学校」

第2章　ゆうやけで輝く子どもたち

1　則道の生活に「ゆうやけ」が入るまで

＊スクールバスで帰宅したい

則道（自閉症の障害がある）は、特別支援学校中学部一年になってゆうやけ子どもクラブ（以下、「ゆうやけ」と略す）に入会した。だが、ゆうやけに来ることをとても嫌がった。

放課後、私たち指導員は、学校に出向いて子どもたちを昇降口で迎える。その時に、則道だけは「バス、バス……」と騒いでいる。ゆうやけに来るのではなく、スクールバスに乗って帰宅したいのだ。奇声を発しながら跳ね回る。怒って自分の腕を噛む。ついには額から汗が噴き出す……。担任の教員が心配して様子を見つめているほどだった。

四月。ゆうやけに新しく入会した子どもたちは、学校からゆうやけに来ることに一週間もしないうちに慣れてしまう。だが、則道は違った。一学期が終わって二学期が始まっても、半ば無理やり、ゆうやけに連れてこられていた。

それでも則道は、ゆうやけをやめることにはならなかった。ゆうやけに参加するようになってから、家庭でのパニックがほとんどなくなったからだ。

則道は以前、夕方になると自宅で必ずひと暴れしていた。母親に体当たりしたり、家具に頭突きをしたり……。心に溜まったストレスをその日のうちに吐き出すかのように。

＊シーソーの上で舞う

ゆうやけに着くと、私は則道を近くの公園に連れ出した。（外を走り回れば気分も変わるだろう）と思ったからだ。則道はブランコやシーソーなどに好んで乗った。

ただし、滑り台だけは使い方がいつも決まっていた。板のほうから歩いて上がって、階段を下りる。だがすぐに、今下りた階段を上がって、板を滑り下りる……。私はふと思った。（これと同じかも知れないな）。自宅から学校に行けば、学校から自宅に戻らなければならない――則道はそう思い込んでいるのではないか。

思い込みの行動――。自閉症の子どもはパターン化した行動に強くとらわれてしまうことがあるとは知っていた。私は、則道が抱える障害の〝たいへんさ〟を今さらながらに思い知らされた。（決まり切った生活パターンから解き放たれて、本当にやりたいことを見つけてほしい）。

私はひとまず、シーソーにとことん付き合うことにした。則道のお尻が浮き上がるほど大きく漕いでみる。すると則道は、跳ね上がった瞬間、様々なポーズをとるようになった。握り棒から両手を離す。両足を開く。仰向けに反り返る。膝立ちになる……。その姿はシーソーの上であたかも〝舞っている〟かのようだった。

＊前回りで気持ちも転換？

入会から半年経ったある日——。

私は、シーソーのあとで、則道を鉄棒に誘った。（いつもシーソーだから、たまには別のことを……）。まったくの思いつきで、前回りの見本を見せた。

すると予想外にも、則道は鉄棒に両手をかけてクルリと一回転。「すごーい」。私は思わず拍手をした。あとで母親に聞くと、鉄棒の前回りを自らしたことはないと言う。シーソーに乗っての満足感が、ちょっと勇気のいる前回りにも踏み切らせたのかも知れない。

その翌日からだった。則道は、ゆうやけに来ることを急に嫌がらなくなった。学校に迎えに行くと、おとなしく椅子に座って待っている。私はとても面食らった。鉄棒の前回りがきっかけで、気持ちまで〝転換〟したのだろうか。

確かなのは、則道の生活にゆうやけがようやく入り込んだことだった。

シーソーで片手離しジャンプ

＊私以外とは外出しなくなる

則道はその後、別人のように穏やかにゆうやけにやってきた。

だが同時に、不都合も生じてきた。私と一緒に公園に出かける——そんな毎日を繰り返しているうちに、私以外の指導員と外出しようとしなくなったのだ。

（うかつだったな）。私は後悔した。これではまた、新しい生活パターンが放課後にでき上がってしまうだけだ。則道は私でなければうまく対応できない——そうした思い上がりが、私の心のどこかにあったのかも知れない。

職員間で相談をして、様々な大人が則道と出かけられるように指導員体制を調整した。則道が私を探し回って出かけようとしない時には、私は事務室に隠れていることさえあった。

そのうち則道は、私の顔を見ても、「行っておいで」とひと声かければ、誰とでも出かけるようになっていった。顔見知りの別の指導員のところへ行って、くすぐりなどをしてもらおうとすることもあった。相手をしてもらう指導員の範囲が徐々に広がり始めたのだ。

物事に融通がきく——このことは則道にとっては大切な育ちであった。

＊会話になっている！

則道の生活にゆうやけが位置づいてから、いくつかの変化が現われた。

則道が中学部二年になってからのこと――。

活動中に則道が私のところにやってきて、「クルマ、クルマ……」と訴えた。ゆうやけの車に乗って、早く帰宅したいと言うのだ。

だが、昨年と違って、むやみに帰宅したいわけではない。母親からの連絡ノートには、「きょうは、学校の給食に苦手なものが出るので、おなかがすいているかも知れません」と書いてあった。おなかがすいて、ゆうやけのおやつだけでは間に合わないでいるのだろう。

そんな則道に私は声をかけた。

私「おうちに帰ったら、夕ご飯食べようね」

則道「パクパク」

私「パクパク食べてね」

則道「キンキキキン」

私「そう。キンキキキンが鳴ったら帰ろうね」

（「キンキキキン」というのは、市内に鳴り響く夕方のチャイムのこと。確かにキンキンした感じに聞こえる。ゆうやけでは、このチャイムを合図に帰り支度をする）

（ああっ。これは〝会話〟になっている！）。私はとても感激した。いつもなら、単語を一方的に発して伝えてくるだけだ。則道とこんなに言葉のやりとりが続いたのは初めてのことだった。

＊相撲での反撃

雨の日には室内で相撲をした。則道は、相手と向かい合うと、背中を向けて逃げ出してしまうのが常だ。その場にやってこないことも多い。

しかも、きょうの対戦相手は腕っ節の強い直人（小学六年）——。

直人が則道の胸をドンと押す。すると、則道は顔色を変えた。そしてなんと、立ち去ろうとする直人を追いかけて、叩き返そうとしたのだ。予想もしない強い当たりに腹を立てたのだろう。

それまでは、他の子どもにぶたれても、やり返すことなど決してなかった。自分の腕を噛んで、怒りを〝内側〟に向けるばかりだった。その則道が、気持ちを外に押し出して、相手に〝反撃〟しようとしたのだった。

＊打ち合わせに自ら参加

土曜日の活動では、みんなでおやつづくりの相談をする。

女性職員の桜井が子どもたちに問いかけた。

「きょうのおやつは何を作りますか？」

言葉の理解のある子どもたちでも、すぐには反応がない。

私は横からわざと、「枝豆がいい」と言ってみる。すると、何人かの子どもたちが口を開き始めた。

「ラーメン」「クレープ」「ホットケーキ」……。私の冗談がわかった子どもは「ビール」と言い出す。指導員たちから笑い声が起こる――。

そうやって雰囲気が和んできた時だった。私の後ろから不意に、「カリント」という声がした。声の主は則道だった。則道が自ら、打ち合わせに〝参加〟してきたのだ。

カリントは確かに則道の大好物。だが、みんなの中で訴え出るなどかつてなかったこと。（すごいな！）。私は思わず振り返って則道の顔を見つめた。

則道は、ゆうやけの活動を通して、学校と自宅との往復生活から抜け出した。そして、「自分の願いを大人に伝える」「自分の気持ちを友だちに向ける」――そんな姿を見せるようになってきた。

2　好きな友だちができた（則道その2）

＊隆二との不思議な関係

高等部に入った則道に、好きな〝友だち〟ができた。かつての則道を知る私たちには予想もできないことだった。〝友だち〟とは、二歳年上の隆二だ。

二人は特に言葉を交わすでもない。則道が隆二のあとを付き歩く。そして、顔をのぞき込んで目を合わせる――ただそれだけの不思議な関係だった。

隆二の何がそんなに則道を惹きつけるのか。私にはすぐに思い及ばなかった。

そう言えば隆二は、何かの行動を起こす直前に、声を出しながら両足を踏み鳴らす。心の〝準備体操〟をしてからでないと、次の行動に移れないのだ。水を飲む時も、水を口の中にしばらく溜めている。そのため時々、水が口先からピューと飛び出てしまう。そうした様子が則道には面白いのだろうか。

だが、そんな二人の関係も、隆二が特別支援学校高等部を卒業（ゆうやけも卒会）して、市内の障害者作業所に通うことになってからは途絶えてしまった。

＊隆二に会いに外へ飛び出す

則道が高等部二年の夏――。

みんなで駅前の中央公園に出かけた。すると思いがけず、隆二がブランコを漕いでいるのに出くわした。作業所が盆休みのため、母親に連れられて遊びに来ていたのだ。

則道は、半年ぶりの再会に顔を輝かせる。すぐさま隆二のところに駆け寄って顔をのぞき込む……。

そのあと則道は、いったんは他の子どもたちと一緒にゆうやけに戻った。だが、一人で再び外へ飛び出した。私は急いであとを追いかける。則道は中央公園へと走っていく。（あっ、そうか）。私はすぐに合点した。隆二を探しにいきたいのだ。

公園に着いて、ブランコのあたりを見渡す。だが、隆二の姿はもうなかった。則道は、それまでの勢いとは打って変わって、ゆっくりとした足取りで引き返していく……。

（隆二に会いたい）――則道の思いを改めて痛感させられるひとコマだった。

＊作業所を指差して「マイマイ」と訴える

則道の学校では、高等部二年の秋から「職場実習」が始まる。卒業後に向けての準備の一環だ。則道は、市内の障害者作業所での実習が決まった。そこは、隆二が通っている作業所でもあった。

実習に先立って面接がある。則道と母親は、ある日の夕方、作業所に出向いた。二階への階段を上がっていくと、たまたま隆二とすれ違った。則道は大喜びで手を差し出す。隆二も則道の体に触れる。そして、二人で見つめ合う……。

面接は、隆二たち作業所の利用者が退所してから始まった。すると則道は急に怒り出した。（僕も帰る！）と言わんばかりに。

だが、ようやく面接が終わり、玄関を出て帰ろうとする時だった。則道が作業所の建物を指差して、「マイマイ」と言ったのだ。「マイマイ」というのは、ゆうやけでしばしば踊っているフォークダンスの「マイム・マイム」のこと。則道はこの曲がとても気に入っている。

母親はすぐに気づいた。（隆二と一緒にゆうやけで「マイム・マイム」を踊ったよ）――則道はそう言いたかったのだろう、と。

私は、この話を母親から聞いて、隆二との「不思議な関係」の理由が少しわかった気がした。則道は〝直接〟的に隆二に関心を寄せていただけではない。フォークダンスなど、ゆうやけでともに過ごした楽しい経験が二人を結びつけていたのだ。

かつては生活パターンにとらわれていた則道が、友だちを慕うまでになった。主体的に参加していく活動。そして、そのことを通して、子どもたち同士が結びついていく――。私は、放課後活動の意義を改めて確認する思いがした。

3　「赤ちゃんパンチ」を卒業した恭子

＊ちょっとしたきっかけで感情を爆発

恭子（特別支援学校小学部四年。自閉症）は、ちょっとしたきっかけで感情を爆発させていた。

ゆうやけでの恭子の日課は、近くの公園に出かけること。砂場にスコップで穴を掘って、バケツの水を流し込む。そして、水が砂に染み込んでいく様子をじっと眺めるのだ。あたかも、人との関

みんなでフォークダンス

わりの煩わしさから逃れるようにして……。

そんな砂遊びのせいで、恭子の手は真っ黒になっている。そのため、恭子を見かけた指導員が思わず口にしてしまった。

「あー、汚い手」

恭子は、この言葉に即座に反応した。その指導員をいきなり叩くと、トイレに駆け込んだ。水道の水を勢いよく出して、自分の頭から足先まで水をかける。そして、全身びしょ濡れになった末に、ようやく落ち着く――そんなありさまだった。

＊炎天下、車道に飛び出す

夏の活動ではこんなこともあった――。

市営プールに入ったあとの帰り道。子どもと指導員たち三〇人ほどが列をなして、炎天下を最寄り駅まで歩く。恭子は、背負っていたリュックサックを歩道にたびたび下ろそうとしている。きっと、背中に汗をかいて気持ちが悪いのだろう。女性職員の桜井が、「恭子ちゃん、もう少しで駅に着くからね。頑張って背負っていこうね」と声をかける。

だが、駅にたどり着く直前、恭子はついに我慢できなくなった。「いらないの！」。そう叫んだかと思うと、リュックサックを放り捨てて、車道に飛び出したのだ。桜井が慌てて恭子の腕を捕まえ

砂場で穴掘り

る。すると今度は、その桜井の腕に思い切り噛みついた……。

やむなく桜井は恭子を近くのスーパーへと導く。「トイレで顔でも洗おうか」と促す。だが恭子は、顔を洗うだけではなかった。体中がずぶ濡れになるまで水道の水を浴び続けるのだった。

＊「赤ちゃんパンチ」がなくならない

もう一つ、指導員が対応に苦慮したのは「赤ちゃんパンチ」だった。恭子は、屋外で赤ちゃんを見かけると、飛んでいって叩こうとした。赤ちゃんが泣く様子を見たいのだ。

赤ちゃんにケガをさせてはいけない。指導員は外出時、いつでも恭子を止められるように気を張り詰めている。そんなピリピリした雰囲気が伝わるのか、恭子もまた表情を険しくしている……。

ある日、みんなで公園を散歩している時だった。恭子が一瞬のスキをついて走り出した。その先には乳母車の赤ちゃんが……。（まずい！）。近くの指導員が必死に追いかける。だが、紙一重の差で間に合わなかった。

私は、現場に駆けつけて、乳母車のそばにいた母親に謝った。そして、恭子を叱った。

「赤ちゃんを叩いたらダメでしょ！」

恭子は、イライラしながら、「赤ちゃんパンチ、しません！」と口にはする。だが、その場にしゃがみ込んでお漏らしをしてしまうのだった。

恭子は、意に反することがあると、しばしばお漏らしをする。しかも、「赤ちゃんパンチ」はなくなる気配がまったくない。私は、叱るたびに虚しさを感じていた。

＊ヤギに触って寝転がる

まさに〝一触即発〟の恭子。（なぜそんなことをしてしまうのか）。職員間で何度も話し合った。だが、その理由を探り当てることはなかなかできなかった。

そのうち、二泊三日の夏合宿（山梨県清里高原）が始まった。恭子にとっては、ゆうやけに入会して初めての参加だ。

合宿二日目のこと。「まきば公園」までハイキングをした。この公園にはヤギが放し飼いにされている。

桜井がヤギの頭をなでながら恭子に声をかけた。

「触ってごらん。怖くないよ」

すると恭子は、しばらくためらったのち、指先でヤギの体にチョンと触れた。だが次の瞬間、弾けるように飛びのいて、「寝んね」と言いながら桜井の手を引いた。そして、ヤギから五メートルほど離れた草むらに仰向けに寝転がったのだ。

私には、その様子が不可解だった。普通なら、ヤギに触ったくらいで寝転がったりはしない。恭子にとっては、それほど緊張する〝出来事〟だったのだろうか。

そうやって思いを巡らせているうちに、私はハッとした。恭子が全身びしょ濡れになることと、草むらに寝転がることとが結びついたからだ。

恭子は、高ぶった気持ちを静めようとするとき、具体的な行動の支えを必要としている――。例えば、「びしょ濡れになる」「寝転がる」「お漏らしをする」というように。それは、自分の気持ちを収める手がかりを求めて、本人なりに努力をしている姿ではないのか。

＊心が疲れやすい

私たちは恭子の日常を改めて振り返ってみた。その結果、次の二点に思い至った。
・恭子は、学校からゆうやけに向かう車の座席で必ずお漏らしをする。学校で頑張って授業を受けた心の疲れを、お漏らしという形で体の外に出そうとしているのだろう。それだけ恭子の心は疲れやすいということだ。感情を容易に爆発させてしまうのも、そこに原因があるのではないか。
・恭子は、昔話の絵本の絵をたくさん描く。モモから桃太郎が生まれて、おじいさんとおばあさんが驚いているところ。オオカミが赤頭巾ちゃんを食べようとしているところ……。「びっくりしたー」「助けてー」などと言いたくなる場面が多い。人の気持ちがよくわからないけれど、わかりたいと願っているのだろう。「赤ちゃんパンチ」をしてしまうのも、赤ちゃんに自分から働きかけて反応を引き出そうとしているのではないか。

こうした議論の中で私は、やっとの思いで恭子の〝内側〟を垣間見た気がした。

だが桜井は、「自分の中の恭子像が大きく変わった。恭子のことが愛しく思えるようになった」と語り出した。あれだけ手を焼いていたにもかかわらずだ。私よりもいっそう深く恭子の葛藤を読み取って、身につまされたようだった。私は自分自身の想像力の乏しさが恥ずかしくなった。

＊「ホットケーキの宙返り」を真似る

（恭子が自らに手応えを感じて、心の支えとなるものはないか）。職員たちで様々に検討した。その結果、毎週水曜日に取り組んでいるおやつづくりをもっと重視することにした。恭子は、手先が器用で、しかもホットケーキづくりなどが好きだったからだ。

だが、どのように展開すればよいだろうか――。

恭子はゆうやけ入会当初、ホットケーキの生地をフライパンに流し入れると、待つことができなかった。すぐにフライ返しでひっくり返そうとする。だが、それでは生地が崩れてしまう。そんな経験を繰り返し、指導員に「泡がプツプツ出てきたら、ひっくり返すんだよ」と教えられて、だんだん待てるようになっていた。

私はあるとき、片面が焼けた生地の入ったフライパンを片手で持ち上げた。そして、恭子の目の

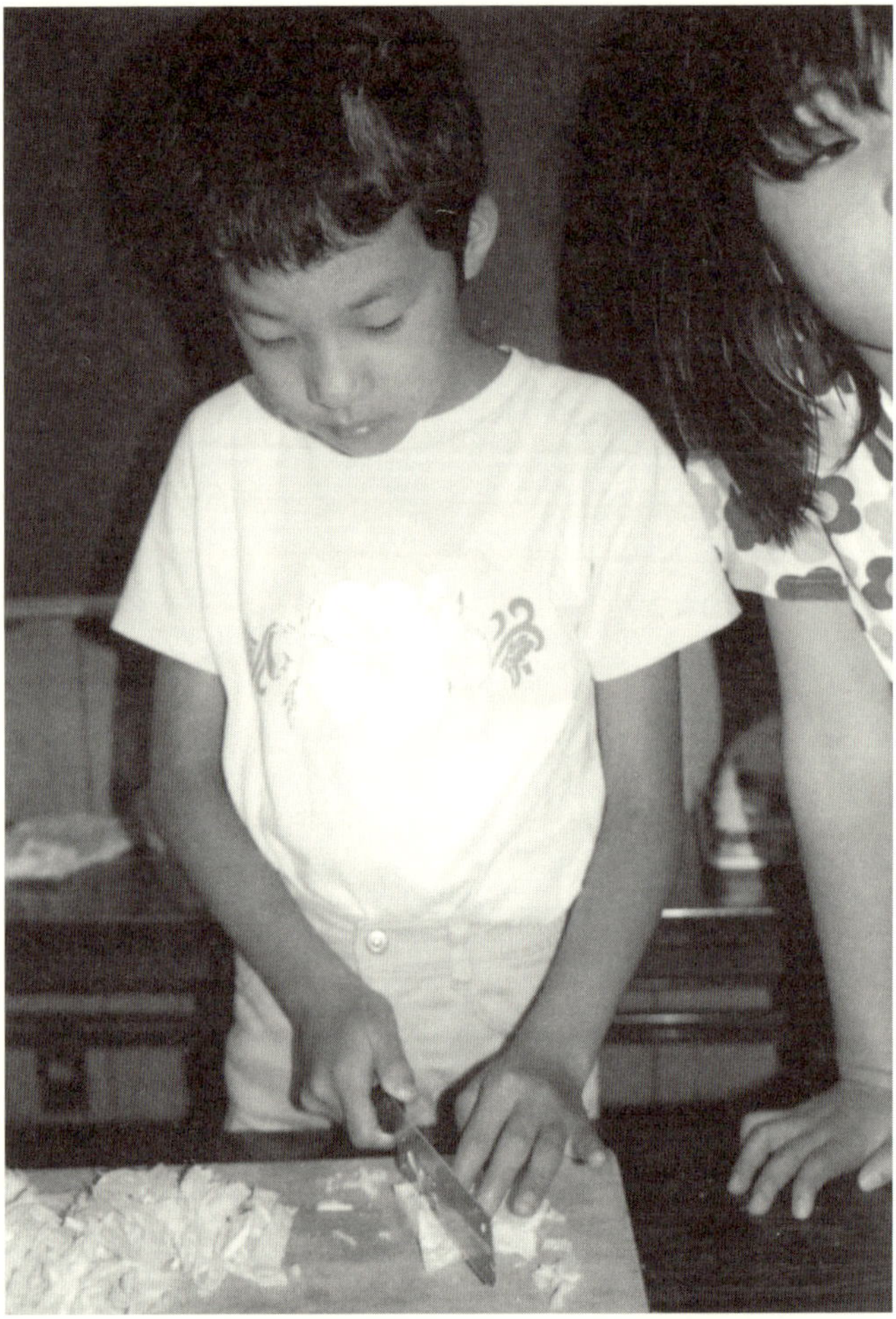

おやつづくり

前で、「見ててねー」と気を引きながら、生地を空中でひっくり返して見せた。すると恭子は、「ホットケーキの宙返り」と言って真似を始めたのだ。

最初のうちは生地がひっくり返らずに折れ曲がった。それでも恭子は、諦めずに毎週のように真似をする。そして、ついに月末には「ホットケーキの宙返り」を〝成功〟させたのだ。

私は、この様子を見ていて実感した。恭子は、（これは面白いな）と思うものがあれば、とことんやってみようとするのだと。そうであるならば、作ること自体にのめり込めるようなものはないか。ホットケーキを宙でひっくり返すなどという小手先のことではなくて。

＊タコ焼きを極める

そのうち私は、タコ焼き用の鉄板が使われないまま仕舞い込んであることを思い出した。

タコ焼きづくり——。生地を玉の形に焼くのは簡単ではない。少しばかりの抵抗があるからこそ、恭子が打ち込んでいきそうだ。私たちは試しに「タコ焼き月間」を設けてみた（タコ焼きと言っても、具がタコなのは初回のみ。次回以降はジャコやウインナーなど）。

恭子は、たちまちタコ焼きづくりに夢中になった。鉄板のくぼみにオタマで生地を垂らす。竹串の先で生地をクルクル回転させる……。とても鮮やかな手さばきだ。「恭子ちゃん、じょうずねー」。指導員たちが自然に声をかけた。

他の子どもたちも、思った以上によく参加した。コネギを洗って包丁で刻む子どももいる。恭子は、それを受け取って、生地に混ぜ込んでいくのだった。

「タコ焼き月間」が終わった直後のこと。恭子の母親が、「そんなにタコ焼きが上手なら、家でもさせてみようかしら」と言って、ゆうやけから鉄板を借りていった。

恭子はさっそく、土・日曜日の昼食にタコ焼きを作り始めた。そのため家族は、週末ごとにタコ焼きを食べるハメに……。こうして恭子は、家庭での取り組みもあって、タコ焼きづくりに没頭していったのだった。

一年が経って、ゆうやけの「タコ焼き月間」が再び巡ってきた。するとその途端、恭子は自宅でのタコ焼きづくりをパタリとやめた。(タコ焼きは〝極めた〟)とでも言うかのように。

*意外な(お気に入りの)絵本

同時に私たちは、「赤ちゃんパンチ」対策についても考え合った。その結果、桜井が図書館から「赤ちゃんの絵本」を借りてきた。

ぐずって泣いている赤ちゃんがミルクをもらったり、オムツを取り替えてもらったりして泣きやむ――そんな内容を恭子に読んで聞かせれば、恭子は赤ちゃんの気持ちに気づいていって、「赤ちゃんパンチ」をやめるのではないか。職員のほうで勝手にそう思い描いたのだ。

だが恭子は、「赤ちゃんの絵本」に興味を示さない。私たちの〝即物〟的な思惑は見事に失敗した。けれども代わりに、桜井がゆうやけの本棚に並んでいた様々な絵本を読んで聞かせた。すると恭子は、それらには関心を寄せ始めたのだ。自ら絵本を取り出して、「本、読む」と桜井に催促するようにもなった。

その中で恭子は、『さっちゃんのまほうのて』（たばた　せいいち／先天性四肢障害児父母の会）という絵本がお気に入りになった。友だちと仲たがいをして幼稚園を休んでしまう「さっちゃん」。お母さんに赤ちゃんが生まれて弟ができ、友だちとも仲直りをして、「あしたは幼稚園に行こう」と決意する物語だ。

もう一つのお気に入りは『わたしとあそんで』（マリー・ホール・エッツ・文／与田準一・訳）。リスやウサギなど、どんな動物にも遊び相手になってもらえない女の子が、最後には動物たちに囲まれて、シカの赤ちゃんに頬を舐めてもらう。そして、「ああ、私は今とってもうれしいの」と喜びを表わす話だ。

（こんなに複雑なストーリーが本当にわかるのだろうか）。私も桜井もとても意外だった。

そのうち恭子は、私たちが知らないうちに絵本に文字を書き込んでいた。「さっちゃん」など女の子の絵のそばには、「きょうこちゃん」と、自分の名前がサインしてある。もしかすると、主人公に自らを重ね合わせて、イメージを膨らませているのかも知れなかった。

＊明恵と「砂のケンカ」

そんなある日。恭子が偶然、一つ年上の明恵と〝ケンカ〟をした——。

公園の砂場で恭子は、いつものようにスコップで穴掘りをしている。そこに明恵がやってきて、スコップを無理やり奪い取ろうとした。「ヤダ、ヤダ！」。恭子は泣き叫んでスコップを離さない。ムッとした明恵が砂を投げつける……。

その翌日。恭子の目の前を明恵が通りかかった。すると恭子は、明恵のほうをチラリと見て、「砂のケンカ」と口にしたのだ。（きのう、明恵に砂をかけられてケンカをしたな）ということなのだろう。（これまで友だちと自ら交わるなどなかった恭子が、明恵のことを気にしている）。私は驚いた。明恵は大柄で、細かなことを気にしない性格の子ども。いつでも賑やかにおしゃべりをしている。それだけに、ささいなきっかけで感情を爆発させてしまう恭子の〝事情〟など、おかまいなしに向かっていく。そんな日々を重ねるうちに、恭子の心の中に明恵の存在が入り込んできたに違いなかった。

数日後のこと。明恵がその日も恭子に「スコップ、貸して」と言ってきた。すると恭子は、求められるままスコップを差し出したのだ。当の明恵にとっても、思いがけない出来事だったのだろう。「偉いじゃん」と言ってスコップを受け取ると、恭子の頬にチュッとキスまでした。恭子もまんざらでもない表情でいる……。私は目を見張る思いで二人の姿を見つめた。

明恵（右）とボールの取り合い

おやつづくり、絵本の読み聞かせ、友だちとのぶつかり合い——こうした経験を積み重ねるうちに恭子は、自分の気持ちをコントロールする力を少しずつ身につけていった。そして、小学部を卒業する時には、あの、やめようとしてもやめられなかった「感情の爆発」や「赤ちゃんパンチ」から、すっかり〝卒業〟していったのだった。

4　「神経衰弱」で勝ちたい！（恭子その2）

＊一年間続いた「大判焼きウオッチング」

中学部に入ってから恭子は、駅前の大判焼き屋に出かけるのが日課となった。指導員と散歩をしていて、店内の様子が目に留まったようだ。

店先からガラス越しに大判焼きづくりを眺める。店員が、大きな鉄板を巧みに操っている。生地を流し入れて、餡やクリームを乗せていく……。タコ焼きづくりとは比較にならないほどダイナミックな光景だ。恭子は、店員が使おうとする道具を指差したり、「焼けた（焼き上がったよ）」と声を出したりしている。きっと、一緒になって作っているつもりなのだ。

恭子が毎日のように大判焼き屋をのぞいていることを母親が気づかった。

「見ているだけでは申し訳ない。金曜日だけは家族四人分の大判焼きを買ってこさせてください」

大判焼きウォッチング

母親はそう言って、数百円が入った小銭入れを恭子に持たせた。

そのうち恭子は、毎週金曜日は大判焼きを買って自宅に持ち帰るのが楽しみになった。そのため家族は、今度はタコ焼きに替わって大判焼きを週末に食べ続けることに……。

大判焼き屋の店員も、冬のどんなに寒い日でも恭子が見にきてくれるので、「ファンができてうれしいわ」と声をかけてくれるようになった。

この「大判焼きウオッチング」は一年ほど続いていた。だがこの店では、夏場になると大判焼きを作らない。それがきっかけで恭子は大判焼き屋通いをあっさりとやめた。大判焼きもまた、（極めた）とでも思ったのだろうか。

＊ケーキ・レシピの読み聞かせ

ゆうやけの本棚に、きれいなカラー写真入りのケーキ・レシピ集があった。

恭子は、レシピのページをめくりながら、写真に添えられた説明書きを職員の桜井に読み上げてもらう。「型にバターを塗る」「粉をふるう」「レモンを絞る」……。「卵黄を泡立てる」の場面では、恭子は写真の上で手首をクルクル回している。

恭子は特に、「夏のお嬢さん風ビスキュイ・サボア」と名づけられたケーキがお気に入りだった。半球状の生地が、黄色いリボンを巻かれて、黄色い皿に乗せられている——女の子の麦わら帽子を模したケーキの写真が人目を引く。恭子の今の明るい気持ちを象徴しているかのようだった。

レシピを読んでもらって、ケーキづくりの過程を思い浮かべる――。私はふと思い当たった。これは、これまで取り組んできた「絵本の読み聞かせ」と「おやつづくり」とがあたかも〝合体〟したものではないかと。

「大判焼きウオッチング」にケーキ・レシピの〝読み聞かせ〟。恭子は自分なりにイメージを働かせていく――。言わば、放課後の過ごし方自体も〝極め〟ていっているかのようだった。

＊一日目の夕食を食べた不思議

恭子が中学部三年の夏合宿（山梨県清里高原）――。

ゆうやけがいつも利用する宿舎では、夕食が一日目はハンバーグ、二日目はチキンカツと決まっていた。恭子は、以前食べたことがあるものや、あらかじめ献立がわかっているものでないと食べられない。知らない味に強い不安があるからだ。そのため、夕食のメニューが毎年同じであることは、恭子にとっては幸いだった。

だが、宿舎に到着してみると、食事づくりの業者が交代していたのだ。当然、夕食が昨年までとはまったく別のものに変わった。恭子を担当していた職員の桜井は覚悟をした。（恭子は、今年は何も食べないだろうな）と。

ところが、不思議なことが起こった。恭子は一日目の夕食は食べて、二日目の夕食は食べなかったのだ。

（いったいどうしてなのか）。すぐには見当がつかなかった。だが、桜井が考え続けているうちに、一日目の夕食〝直前〟、恭子と明恵（一歳年上）とで相撲をしたことに思い当たった。それは、空き時間を利用して、宿泊部屋でたまたま行なったものだった。

桜井が「はっけよーい、残った」と声をかける。恭子は、明恵がつかみかかっても、突っ立っているだけだ。桜井に「エイ、エイだよ」と声援されて、「エイ、エイ」と両手を差し出す。だが、明恵のひと押しで自ら倒れ込んでしまう――そんな他愛もない相撲だった。

その一方、二日目は日中にハイキングをした。明恵も桜井も疲れていて相撲をしなかったのだ。

傍からはたいした意味もなく見えた明恵との相撲。だが、恭子にとっては楽しいひと時だったのだろう。障害によって狭められていた心の〝窓口〟がいつの間にか開いて、未知の味にも挑んでみよう――そんなふうに気持ちが動いたのかも知れなかった。

＊学校に行き渋る

恭子はその後、高等部に進んだ。だが、急に学校に行き渋るようになった。

朝、母親が車で学校に連れていっても、すぐには降りようとしない。車から降りても、下駄箱の前で立ちすくんでいる。担任の教員が迎えに来ても、すぐには動けないでいる。ようやく教室に向かっていくのは、しばらく時間が経ってからだ。しかも、授業中に他の生徒を押したりすることもあるらしい。

（中学時代は順調に過ごしていたのに……）。私たちは心配した。

恭子がある日、ゆうやけに来てから、絵本をめくっていた。そして、子どもの絵を指差して何やらつぶやいている。「ミホちゃん」「シンゴ君」……。それらは、恭子が知っている子どもたちの名前だった。これに気づいた桜井は、恭子が友だちに関心が出てきた証拠だと考えた。

友だちに関心が向くからこそ、友だちがやるようにうまくできるかどうか不安になるのだろう。学校に行き渋るのも、そこに要因があるのかも知れない――そんな仮説を桜井が立てた。

＊悔しがる智代を面白がる

（いろんな友だちと関わる楽しみも知ってほしい）。私たちは、複数の子どもたちが日常的に接し合えて、しかも、大げさな準備のいらない活動を探した。そして、たまたまあったトランプを使って「神経衰弱」をしてみることにした。

もしも、同じ数字を合わせることだけに興味が向くならば、子ども同士の関係の発展は期待できない。自閉症の障害のある子どもは、同じ物と物を合わせることに固執してしまうことがあるからだ。だが、明恵との関わりを通して、友だちと関わる楽しさを実感している今の恭子ならば、そうはならないのではないかという〝読み〟があった。しかも、「神経衰弱」に乗ってきそうな他の子どもは高校生の智代たち。知的な発達の遅れはあっても、自閉症の障害はなかった。

実際に、恭子・智代など数人の子どもたちで「神経衰弱」をやってみた。すると、予想外の接戦となった。

カードを取り合ったあと、各自がカードの枚数を数える。智代が数え終わって「二一枚」と報告した。すると、それを聞いた恭子は、自分のカードは本当は二〇枚しかないのに、最後の二〇枚目を数える時に「二〇、二一、二二」と多く数えたのだ。(ああ、智代に勝ちたいんだな)。私は、ちょっとした感動を覚えた。

ある時は恭子が一位になった。桜井が「優勝は恭子さんです」と発表する。二位になってしまった智代は、「あっ、もう!」と声を荒げる。すると恭子は、智代のほうを見てクスッと笑ったのだ。智代の悔しがる様子が面白かったのだろう。

*手をすばやく動かして応戦

その後、「神経衰弱」は絵カルタ取りに替わった。(絵カルタ取りのほうがたくさんの子どもが参加できるだろう）。職員間で相談した結果だ。

絵カルタのカードは職員が手づくりした。同じ絵のものが四枚ずつある。指導員が「ミカン」などと読み上げれば、一度に複数の子どもたちがミカンのカードをめがけて手を伸ばすことができる――そういうねらいからだ。絵の楽しさも手伝って、「神経衰弱」では乗ってこなかった子どもたちも加わってくるようになった。

ある日、詩織（小学四年）が、自分で作ったカードも混ぜて使いたいと言ってきた。画用紙を手でちぎって、サカナやクルマなど描いたものだ。お世辞にも「カード」とは言いがたい。恭子は、不要なものがあると破って捨てるクセがある。そのため、サカナのカードを手に取ると、あっけなく引き裂いてしまった。そこで指導員が、「詩織ちゃんがせっかく作ってくれたんだよ」と説明をした。すると次からは、なんとクルマなどのカードも受け入れて、絵カルタ取りをしてくれたのだ。

また、岳志（中学二年）が〝参戦〟してきた時には、途端に雰囲気が白熱した。岳志がすさまじい勢いでカードを取ろうとするからだ。恭子が先に手を伸ばしたカードさえも奪い取ってしまう。恭子は、この時ばかりは真剣な表情で、手をすばやく動かして〝応戦〟するのだった。

かつては人を避けるようにして砂に水を流していた――その恭子が、明恵や智代などとの関わりを通じて、友だちと時間を共有し合うまでに成長したのだ。

絵カルタ取り

5　色紙《しきし》を書いて自分を励ます英樹

＊叱っても心に届かない

英樹（特別支援学級小学五年）は、せわしなく動き回って、しかも衝動的だった。「Ｔシャツ、裏返しだよ」と言われただけで指導員をぶつ。友だちが自分の本を持っていっただけで髪の毛を引っ張る。走り回っているうちに勢い余って、窓ガラスに頭から突っ込んでしまったことさえある――そうした姿から私たちは、英樹にはＡＤＨＤ（注意欠陥多動性障害）があるのではと推察した。

英樹があるとき、食器洗いをしている女性指導員の背中を突然押した。自分のほうに気を引きたかったのだろう。だが、その指導員は給湯器に顔をぶつけて、目にケガをしてしまった。

私は思わず英樹を叱りつけた。「自分が何をしたのか、わかる？」。すると英樹は、「村岡さん、大好きー」と、大声で泣くばかり……。（私のことが好きだから叱らないでほしい）と言うのだ。（いくら叱っても、その意味が英樹の心に届かない）。私はもどかしかった。

＊言い訳に込められた悩み

職員間で、ＡＤＨＤに関する本を読むなどして、英樹への対応を検討した。その中で、英樹が最近、〝言い訳〟をするようになってきたことに気づいた。

例えば、他の子どもを叩こうとするのを指導員に止められて、「僕、薬飲んでる」（僕は発作止めの薬を飲んでいる。発作だから仕方ない）と主張するのだ。これを聞いて私は、（ずいぶん〝高度〟な言い訳ができるものだ）と妙に感心してしまった。こんな言い訳ができるくらいなら、人を叩いてはいけないことなどとっくにわかっているはず――そう勘繰ってしまいたくなる。

だが、女性職員の桜井は次のように考えた。「英樹は、自分の意に反して〝思わず〟人に手を出してしまう。叱られても自分ではどうすることもできない。むしろ、自分が否定された印象だけが強く残ってしまう。英樹の〝言い訳〟には、そうした悩みが込められているのではないか」と。

この意見は、私にとって耳が非常に痛かった。（確かに、叱るしか能のないような対応をしてきてしまった）。英樹の発達や障害の状況を確かめながら、その内面を洞察する――そうした基本的なとらえ方が私にはまだ不十分だったのだ。

だが、具体的にどうすればよいだろうか。皆目見当がつかなかった。

竹串でパン焼き（中央が英樹）

＊姿より声が先に帰ってくる

（とにかく、受け止めるところから始めよう）。桜井が英樹の話し相手を申し出た。英樹はおしゃべりが好きだったからだ。

ゆうやけに到着すると英樹は、学校や家庭の出来事を次々に話した。「日曜日に公園でブルドッグを見た」「鼻をいじっているうちに鼻血が出た」「クリスマスにサンタから電車の本をもらった」……。手振りを交えて熱弁をふるうのだ。

私には、「いいお知らせがあります」と切り出して、「JR中央線の電車の色が変わります」と教えてくれたこともある。電車が好きな英樹らしい話題だった。

そんな日々を過ごすうちに英樹は、ゆうやけの玄関をくぐるとすぐに、「桜井さーん」と呼んでしゃべり出すようになった。

「英樹は、姿よりも声のほうが先に帰ってくる」

桜井が苦笑するほどだった。

＊「ボロ屋敷ごっこ」に興じる

おしゃべりのあとは「ボロ屋敷ごっこ」をした。畳台コーナーの周りにカーテンを吊るして「ボロ屋敷」に見立てる。英樹と桜井がそこに〝泊まる〟という設定だ。そのあらすじはこうだ――。

「ボロ屋敷」で寝ている。すると、いつの間にか〝夜中〟になって、トイレに行きたくなる。だが、「ボロ屋敷」だからオバケが出るかも知れない。英樹と桜井は畳台から下りて、恐る恐るトイレに向かう。その途中、布をかぶった別の指導員が出てきて二人を脅かす。すると英樹は、「ヒャー」と歓声を上げて跳ね回る……。

指導員側から見れば、あまりにも幼い遊びだった。だが、日頃から叱られることが多かった英樹にとって、興じるものがあることは、心を満たすうえで大切な意味があったのかも知れない。

＊大人の注意を神妙に聞く

それでも、英樹の突発的な行動はなかなか減らなかった。私が叱らざるを得ないような〝事件〟も相変わらず起こった。

ある日のこと。桜井から、「英樹が窓ガラスに突っ込んで額を切った」と連絡が入った。（またか！）。私は、重い気持ちで英樹のもとへ急行した。

英樹は、かしこまった表情で畳台に腰かけている。額の傷を調べてみると、救急ばんそうこう一枚を貼っておけばよいほどの小さなものだった。私はホッとした。

だが、（たいしたケガでなくてよかった）ですますわけにはいかない。私は、わざと深刻な顔をして言ってみる。「これは病院に行って、縫わないといけないな」。桜井も調子を合わせて、「縫ったほうが治りが早いし」と付け加える。すると英樹は、か細い声で「縫わないで……」と訴えた。

そこで私は、この機会にとばかりに、「もっと大きなケガだったら、本当に病院に行って、縫わないといけなくなるんだよ」と力を込める。これに対して英樹はなんと、「ウン、ウン……」と素直にうなずいて答えたのだ。

叱られても泣くばかりで、こちらの言葉が入らなかったころからみれば、大きな変化であった。おしゃべりや「ボロ屋敷ごっこ」――受け止める活動を続けるうちに、大人の注意を神妙に聞くようにはなってきたのだった。

＊「ギンナンの手紙」に集中する

英樹が中学生（特別支援学級）になってからの秋――。

私は英樹をギンナン拾いに連れ出した。祖母と一緒にギンナンを拾ったことがあると聞いたからだ。（それにしても、動きの激しい英樹に祖母はどうやって付き添ったのか）。

だが、その疑問はほどなくして解けた。英樹は、駅前の公園に着くと、自らの手にビニル袋を付けた。ギンナンを直接触らないようにするためだ。そして、人が変わったように落ち着いて、ギンナンを手際よく拾っていく。三〇個ほど集めてからゆうやけに持ち帰る。皮をむいて、流し台で種を洗う。激しい動きどころか、実に手慣れた動きを示すのだった。

そのあと英樹は、桜井にコピー用紙でいくつも封筒を作らせた。そして、封筒のそれぞれに、「むらおかさんへ」「さくらいさんへ」などと、指導員の名前を一人ずつ書き込んでいく。「こうえんでぎんなんをとりました。どうぞたべてください」とも書き添える。最後に、ギンナンを封筒に分け入れる……。こうした作業のあいだ、英樹はむやみに動き回ることがまったくない。

自分が拾ったギンナンを指導員に配りたい——そんな思いが心にみなぎっているのだろう。英樹は、「ギンナンの手紙」づくりに一心に集中するのだった。

私たちは、英樹が手紙を書きたがる時には、活動時間いっぱいを使って取り組めるように配慮した。すると英樹は、やめていった指導員たちに手紙を書くようになっていった。「おげんきですか。ぼくはちゅうがくせいになりました」などというように。

＊「お詫びの手紙」を書いて渡す

英樹は電車が好きだ。ゆうやけには鉄道ファンの男性アルバイト指導員・森田もいる。二人はいつしか、列車の名前などについておしゃべりをする仲になっていた。

あるとき、英樹が森田のカバンを勝手に開けて、中の物を出した。鉄道の雑誌などが入っていないか、確かめたかったのだろう。だが、その姿が森田に見つかってしまった。「カバン、いじったでしょ」。森田がとがめた。すると英樹は、反射的に森田を叩いてしまった。当然ながら森田から、さらに叱られることに……。そして久々に、「森田さん、大好きー」と、大声で泣き始めてしまったのだ。だが、しばらくすると英樹は自ら泣きやんだ。そして、紙に鉛筆で文章を書き出した。

「おにいさんへ　ごめんなさい　もうしません　ひとのバック（グ）をいじりません　う（ゆ）るしてください　もうはんせいをいたしました……」

お詫びの言葉が繰り返される手紙だ。電車の絵も描いてあって、「えがへたでごめんなさい」とも書いてある。

英樹は、できあがった手紙を手に、突っ立ったまま動こうとしない。森田に渡すのが恥ずかしいのだろう。私は、英樹の体を森田のほうに押し出してみた。すると、それがきっかけで英樹は手紙を差し出した。森田が受け取ると、部屋の片隅へ逃げていく。そして、振り返って、森田が手紙を読む様子を見つめるのだった。

手紙を書いて自分の思いを託す——これこそが、今の英樹にふさわしい活動に違いない。私は、それまで漠然と抱いていた考えがいっそう確かなものに変わった。

＊電車からの応援メッセージ

英樹が中学二年の時だった。学校の陸上競技会が三日後に迫っていた。

英樹は、ゆうやけに来ると、「厚紙ちょうだい」と言ってきた。厚紙を出してもらうと、森田などの指導員に、大好きな〝電車から〟自分宛てのメッセージを書かせた。「僕より速く走って一番になってね。西武線より」「ロマンスカーも応援してるよ。小田急線より」などというように。英樹は、競技会に向けて、電車に自分を応援してもらおうと思いついたのだ。この「応援メッセージ入り色《しき》紙《し》」づくりは競技会前日まで続いていた。

競技会当日の放課後、英樹が桜井に駆け寄って知らせた。「百メートル走、二位だった！」「大縄跳び、二一回跳べた！」……。これまで英樹は、全校生徒が集まる場面では、他の生徒を叩いたり引っかいたりしたこともある。みんなの前でうまく立ち振る舞えるのか、不安だったのだろう。徒競走も、周りが気になって走れなかった。その英樹が百メートルを走り切って、大縄跳びもクラス全体で息を合わせて跳んだのだ。

色紙を書いて自分を励ます——。指導員が思いもよらない方法を英樹は見つけ出した。そして、自らの不安を乗り越えようとしたのだった。

＊千葉の施設に「引っ越す」

私たちは英樹の変化を実感しつつあった。だが英樹は、学校でも様々な〝トラブル〟を起こしていた。しかも母親は、単親家庭のため働かなければならない。母親の心労はあまりにも著しかった。

陸上競技会から半月後、母親から連絡があった。「英樹を千葉の施設に入所させることにしました」と。ずいぶんと悩んだ末の決断だった。

ゆうやけに参加する最後の日。ちょっとしたお別れ会を開いた。英樹は、改まった口調でみんなに挨拶した。「僕、引っ越します」。そして、私のほうを向いて、「村岡さんに遊んでもらって楽しかったです」とも付け加えたのだ。(えっ?)。私は耳を疑った。(私がしたことと言えば、叱ることばかりだったのに……)。私は、申し訳ない気持ちが込み上げてきて胸が熱くなった。

ゆうやけからは、指導員たちが寄せ書きした色紙を贈った。そこには、千葉での新しい生活を応援するメッセージがたくさん書き込まれている。書くことによって自分を支える――そのことを知り始めた英樹への、私たちからの〝はなむけ〟であった。

6 怒るより「追いかけっこ」を選んだ洋助

*大人の目に過敏になる

洋助(特別支援学校。知的な発達の遅れ)は、中学生になってから、むやみと怒りっぽくなった。大人に叱られる時の口調で、「静かにしなさい!」「何度言ったらわかるの!」と怒鳴り散らすのだ。おやつづくりの時も、指導員に「やろうよ」と促されると、「やります!」と大声を出しながら、

お別れ会（職員の桜井〈右〉と東〈左〉と一緒に）

テーブルの上の食器を払い落としてしまう。そして、「ゴメンナサイするの！」と言い張って、指導員に「わかったよ」と言ってもらうまで気がすまない。

こうした洋助の姿について、私たち職員は何度も話し合った。（洋助は、大人の〝目〟に過敏な時期にさしかかったのではないか。でも、どうすればよいのだろうか）と。

＊気持ちをはぐらかしているだけではないか

ただし洋助は、ちょっとしたやりとり遊びを仕掛ければ、気分が容易に変わった。

例えば、洋助が私をぶった時のこと。私は、わざと自分の胸を押さえて、大げさに苦しがる。「よくもやったなー」とうめき声を出しながら洋助に迫っていく。すると洋助は、さっきまでのイライラが嘘のように、高笑いをしながら逃げ出した。私と追いかけっこを始めようと言うのだ。

私は、そうした遊びに付き合いつつも、どこか物足りなさを感じた。（単に気持ちをはぐらかしているだけではないか。洋助がもっと心から手応えを感じる活動はないものか）。

そんな折り、友だち同士のつながりが新しい展開を作り出していった。

＊博美と連れ立って遊ぶ

ゆうやけでは夏のあいだ、連日のようにプールに入る。

アルバイト指導員の飯島（男性）が水中から顔を出した。「あっ、タコ入道だ！」。女性職員の東が洋助の注意を向けさせる。すると洋助は、「ワー」と言いながら飯島に水をかける。そこに、洋助より一つ年上で、活発な博美が加わってきた。博美が「オリャー」と飯島の体を押す。洋助も「トリャー」と飛びかかっていく。飯島は、二人から攻められて、「やられたー」と水に沈んでいく……。

こうして洋助は次第に、指導員を交えながら、博美と連れ立って遊ぶようになっていった。大人のまなざしには過敏に反応してしまっても、遊びの中で博美に指図されるのはまったく平気なのだ。洋助には指導員が一対一で関わろうとするのではなくて、別の子どもを誘い込むようにして活動しよう――職員間でそう確認し合った。

＊ごっこ遊びのスジに乗る

夏の活動が終わってからも、洋助はしばしば博美を誘った。「一緒に逃げよう」などと声をかけて、指導員から逃げ回る遊びをするのだ。

職員の東が洋助と博美を追いかける。壁際に追い詰められた洋助は、「トリャー」と手刀で東に切り返していく。だが、博美が本当にやりたいのは「くまのプーさんごっこ」。「あっ、ハチミツだ」。博美が頭上を指差す。木の上にハチの巣があるという想定らしい。片手で宙をかいて口元に持っていく。東も負けじと片手を差し出す。二人は、ハチミツを競い合って食べる真似ごとを始めた。

プールで

それでも洋助は傍らで、相変わらず「トリャー」と叫んでいる。それを見かねた博美が言った。「洋助、ハチミツだよ！」。すると洋助は、一瞬動きを止めて、博美を見つめた。そして、しばらくしてから、なんとハチミツを取る仕草をしたのだ。「せーの、ゴックン」。博美がハチミツを飲み込むふりをする。洋助も「ゴックン」と応じる……。

洋助と博美は対等に遊んでいるわけではなかった。一方的に走り回る洋助の遊びに、博美がごっこ遊び的なスジを付け加える。洋助は、そのスジに乗って、自分だけでは見出せない面白さも経験していったのだった。

＊出方を探ってリードする

その年の冬が訪れるころ、洋助と博美の関係はさらに深まっていった。

二人が東と緑道を散歩している時だった。洋助が突然、「変身しよう」と言い出した。洋助は「変身もの」が大好きだ。追いかけっこをしていても、急に「変身！」と言い出して、何かのポーズをすることがある。

だが博美のほうは、何のことかわからず、「えっ？」と聞き返す。洋助は、「オオカミに変身！」と畳みかける。それでも博美は無反応だ。洋助は顔を曇らせる。自分の誘いが通じないのがもどかしいのだろう。さらに「ガオー」と吠えてみる。

すると博美は、ようやく洋助の意図を察したのか、「ガオー」と応じてくれた。洋助はパッと顔を輝かせる。そして、「あっちだ」と東のほうを指差した。（二人でオオカミに〝変身〟して東を追いかけよう）ということらしい。二人は唸り声を上げ、両手を振りかざしながら、東を追って緑道を走っていく……。

あの、一方的に怒鳴り散らしていた洋助が、博美の〝出方〟を探りながら遊びをリードしようとするまでになったのだ。

＊常男がゴメンナサイしなくても

ある日、洋助と博美がいつものように東と追いかけっこをしていた——。

そこに高校生の常男が割って入ってきた。東の腕を引っ張って、自分にもかまってもらおうとする。だが、洋助は追いかけっこを続けたい。「ダン！」。指鉄砲で東を狙い撃って気を引こうとする……。その直後だった。常男が洋助の頭をいきなり叩いた。（東とのあいだを邪魔するな）ということなのだろう。

叩かれた洋助は案の定、「ゴメンナサイしてください！」と騒ぎ出した。「ゴメンナサイしろ」というのは、洋助が機嫌を損ねた時の決まり文句。（きっと暴れ出してしまうな）。私はこれから起こるであろう〝事態〟に備えて身を硬くした。東のほうは常男に向かって話しかけた。「洋助君がゴメ

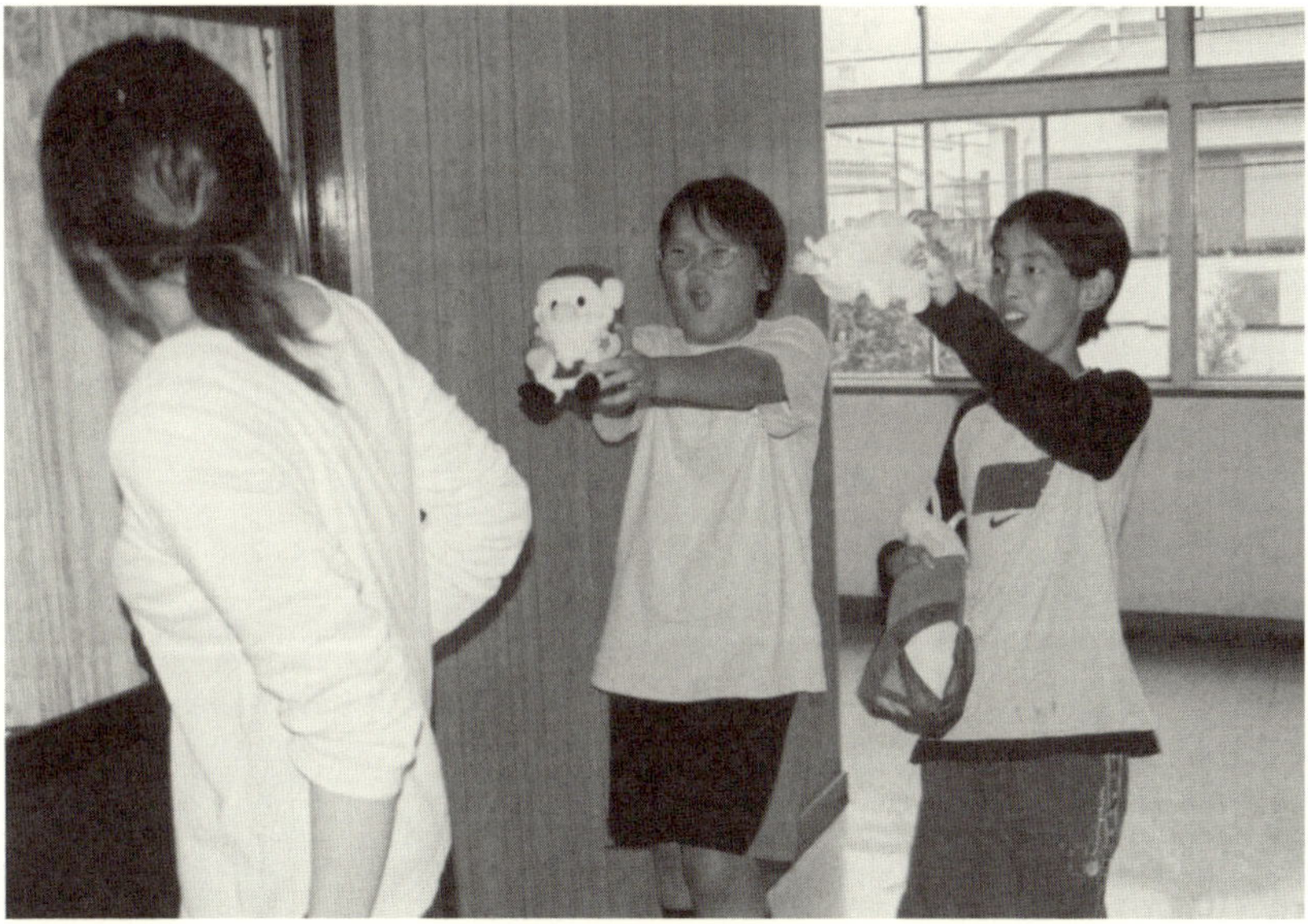

東（左）を博美（中）とやっつける

ンナサイしてほしいんだって」。だが常男は、何も言わず立ち去ってしまう。唖然とする洋助……。(ああ、まずい。これで大暴れが本決まりだ)。私は観念した。

だが、次の瞬間、洋助は東に言ったのだ。「『待てー』やって」。東に「待てー」と言いながら追いかけてほしいということだ。(すごいぞ、洋助!)。洋助は、怒り出すよりも、追いかけっこ再開のほうを選んだのだった。

洋助は、いつも穏やかに過ごしているわけでは決してない。だが、博美などとの遊びが充実するにつれて、怒りっぽさを少しずつ減らしていった。そして、おやつづくりにも、食器をひっくり返すことなく参加するようになっていった。

7 啓太が店に飛び込んでトイレを借りた

＊〝か弱い〟子ども

啓太は生後八ヵ月で熱性けいれんを起こした。その後、「点頭てんかん」と診断された。表情が乏しくなって、出始めていた言葉もいったんは消えた。

就学前は障害幼児の通園施設、次いで幼稚園に通う。集団生活になかなか馴染めず、母親を探して泣いた。そのため母親は、最初はすぐそば、次は教室の後ろなどというように、見守りつつ〝距離〟を置いていった。昼食は、母親が届けた茶碗蒸しなど、軟らかいものしか口にしようとしなかった。

啓太のゆうやけ入会は小学校・障害児学級（現在の特別支援学級）入学と同時だった。「集団の中で揉まれてたくましく育ってほしい」――そんな母親の願いからだった。

ただし、当時のゆうやけは、発足して数年が経ったところ。まだ活動を毎日行なうことができなかった。そのため啓太は週一回、土曜日の活動に参加をしていた。私のほうも、大学に通いつつ、アルバイトで指導員をしていたころであった。

啓太は、活動に参加すると、部屋の隅で指導員に抱かれたままでいる。他の子どもたちが遊ぶ様子を眺めるばかり。「野球やろう」と誘われても、「やーめた」と言って、すぐに立ち去る。指導員が冗談に「きょうは、お母さんが迎えに来ないかも知れない」と言えば、「ママ……」と涙をこぼす。そして、しばしば発熱をして、学校さえも休みがちだった。

〝か弱い〟子ども――それが私の第一印象だった。幼児期に顕在化した障害が、学校時代の出発にも色濃く影を落としていたのだ。

だが啓太は、学齢期の一二年間をゆうやけとともに歩んだ。そして、見違えるようにたくましく

ボランティアに抱かれて

成長していった。

＊紙吹雪を千夏にかける（小五）

啓太が小学五年の時だった――。

雨天のため、予定していた屋外活動は中止。歌が好きな千夏（小学六年）のリクエストで歌合戦をすることになった。

子どもたちは、順番に踏み台に立って、おもちゃのマイクを手に歌う。声を出さずに踏み台に座って〝参加〟する子どもや、指導員の歌に合わせて「ポッ、ポッ…」と声を出す子どももいる。だが啓太は、例によって指導員にもたれかかったまま壁際から動こうとしない。やはり、改まった場面は苦手なのだ。

千夏が、今はやりの歌謡曲を歌った。ひときわ大きな拍手が起こる。「うまーい」という声も飛ぶ。ふと見ると、啓太も一緒に拍手をしていた。気持ちはみんなのほうに向いているのだ。

司会役の指導員が、「優勝は千夏さんです」と言いながら、千夏の頭に紙吹雪をかけた。私は、床に落ちた紙吹雪を拾い集める。そして啓太に、「『おめでとう』って千夏にかけてあげたら」と言って手渡した。すると、啓太はすくっと立ち上がって、千夏の前髪のあたりに紙吹雪を散らしたのだ。小声ながら、「おめでとう」という言葉も添えている。

千夏に紙吹雪をかける

（啓太が歌合戦に〝参加〟できた！）。私はうれしかった。

＊泣いても土手滑りをする（中一・春）

啓太は小学校卒業後、養護学校（現在の特別支援学校）中学部に進学した。

当時、ゆうやけでは土曜日の土手滑りがはやっていた。長くつないだダンボール板を緑道脇の土手に広げて、斜面を滑り降りるのだ。

子どもたちは、指導員に連れられて、次々に滑り降りていく。その様子を眺めながら、啓太だけが土手の上に立ち尽くしている。誘われても、腰を引いて動こうとしない。すでに三〇分近くが経とうとしている。見かねた男性ボランティアの小川が啓太の体を後ろから抱きかかえた。そして、そのまま滑り降りてしまったのだ。びっくりした啓太は大声で泣き出してしまう……。

だが、しばらくして、小川が啓太に声をかけた。「もう一回やる？」。すると啓太は、あっさり「うん」と返事をしたのだ。あんなに泣いていたのに、また土手滑りをすると言う。（そんなはずが……）。私にはその意味がすぐに飲み込めなかった。

活動終了後、指導員たちで反省会をした。啓太のことも話題になった。「無理やり滑らせたらかわいそうだ」という非難めいた意見も出される。それに対して小川が遠慮がちに釈明した。「啓太を後ろから抱えたとき、そんなに嫌そうではなかったから」と。

数年前にゆうやけの職員になったばかりの私は、自分のやり方をつくづく反省させられた。勢いに任せて子どもを強引に誘うか。それとも、何もせずに放っておくか……。（子どもを外側から判断していてはダメだ）。啓太の心の内を探りながら働きかけていた小川の姿勢に大いに教えられたのだった。

とにかく啓太は、この日を境にして、土手滑りに打ち込んでいった。膝を擦りむいてしまうことがあってもまったく平気なほどに。

＊大人に反論する（中一・冬）

中学生になってからの啓太は、体が丈夫になって、発熱も少なくなった。しかも、遊び方が少々〝乱暴〟になってきた。例えば、「相撲する！」と言い放つや否や、私に体当たりをする。私が体勢を整えないうちに次の張り手も食らわしてくるのだ。

年始に餅つきをした時には、「きな粉餅、一人二個ずつ」という割り当てを無視して、五個も食べてしまった。

私「そんなに食べたらお腹が痛くなるよ」

啓太「大丈夫。運動する！」

（啓太が大人に〝反論〟してくるとは！）。私は、啓太のきっぱりとした口調に戸惑うほどだった。

啓太は、体だけではなく、気持ちまでもが強くなってきたのだった。

＊氷の上を思い切って渡る（中三）

啓太が中学三年の冬。みんなで青梅市の公園に出かけた。

幅三メートルほどの水溜りがカチカチに凍りついている。私は足をわざと滑らせながら、その上を歩いてみせた。すると、啓太より三歳年下の駿平が続いて走り渡った。そして、そばにいた啓太に「お前もやれよ」と声をかけたのだ。

駿平は動きが敏しょうだ。そのためか啓太は、憧れの気持ちを込めて、駿平を「ライバル」と呼んでいる。その「ライバル」俊平が啓太を〝挑発〟している――。

啓太は、氷を眼の前にして、しばらく躊躇《ちゅうちょ》していた。だが、思い切ったように「ヒャー」と悲鳴を上げながら、小走りで駆け抜けていったのだ。

（あの怖がりの啓太が大胆になったものだ）。私は感心する。駿平も思わず、「やるじゃん」と声を漏らすのだった。

＊知らない人に頼んで切り抜ける（高一）

啓太は、中学部を卒業したあと、高等部単独の養護学校に通うことになった。

それまでのスクールバスでの通学から、電車を使っての一人通学に切り替わった。母親と一緒に数週間の練習を積んで、自宅の最寄り駅から学校の最寄り駅まで電車に乗ることを覚えた。

ある日の下校途中、その〝出来事〟は起こった。

啓太が帰宅後、母親に話したことを整理すると、次のようだった。

・電車を降りたとき、急におなかが痛くなった。

・駅近くのおもちゃ店に飛び込んでトイレを借りた。

・「ありがとうございました」と言って店を出た。

啓太は、わが身に起こった〝非常事態〟を、知らない人に頼んで切り抜けたと言うのだ。「それはすごいですね」。私は母親からの報告を聞いて感激した。啓太の以前の〝か弱さ〟を知っている私たちには信じられない行動であった。

8　作業所の昼休みは仲間を誘ってサッカー（啓太その2）

＊「アンパンマンごっこ」が時にはケンカに（高二）

啓太は、高等部二年のころ、「アンパンマンごっこ」に熱中していた。

啓太が「誰?」と私に聞いてくる。「アンパンマン」にやっつけられる「バイキンマン」を誰にするか、決めてほしいと言うのだ。「剛三がいいんじゃない」。私は答える。元気な剛三（中学一年）なら、少しくらい叩かれても動じないだろう。啓太は、私の片手を握ったまま剛三に近づく。そして、剛三の頬に「アンパーンチ」とこぶしを当てて、「バイバイキーン」と逃げていく。

次は、康晴（中学一年）をねらう。今度は私の手を離して、一人で康晴に「アンパンチ」を当てにいく。だが、それを見ていた剛三がやってきて、背後から啓太のお尻を蹴り上げた。（自分だけならまだしも、友だちまで「アンパンチ」をするのは許せない）ということなのだろう。

不意を突かれた啓太は顔をしかめて怒り出した。「ウーン」と唸りながら剛三の胸をぶつ。すると、剛三も腹を立てて、啓太をマットレスの上に押し倒した。「乗れ！」。康晴に〝命令〟して、二人で啓太の体に馬乗りになってしまった。「アンパンマンごっこ」をしていたはずが、いつの間にかケンカに……。

私は、その様子を見守りながら感慨にふけった。（あの〝か弱かった〟啓太が友だちとケンカができるまでになった……）。だがそのうち、馬乗りにされた啓太が叫ぶようにして泣き出した。近くにいた男性職員の榎沢がたまらずに止めに入る。私も遅ればせながら手を差し出した。だが、啓太は私のほうを無視する。（どうしてすぐに助けてくれなかったのか）と言いたいのだろう。榎沢の膝にしがみつくと、大声で泣きじゃくり始めた。

（ケンカができることは、他者に向かう気持ちが確かになった証拠）。私は、心の中で繰り返してみる。だが、胸がやや痛んだ。（もう少し早く止めればよかったかな……）。

啓太が榎沢に訴えている。「おうち、帰る」「病院、行く」……。榎沢の手を取って自分の額に当てさせてもいる。だが、実際に熱があるわけではない。榎沢が軽妙に言葉を返して相手をする。

榎沢「そうか。病院に行きたいのなら救急車呼ぼうか。（サイレンの音をわざと間違えて）ホワン、ホワン……」。

啓太「（それは救急車とは）違う。パトカー」

榎沢「ウー、ウー……」

啓太「（それも）違う。消防車」

そんな冗談めいた会話を続けているうちに、啓太は「元気、出た」と笑い始めたのだった。

友だちとケンカをする。そして、大人の支えによって立ち直る——そんな経験を積み重ねるうちに、啓太は心の粘り強さを身につけていったに違いない。

＊高三の合宿は「熱、出ない！」

ゆうやけでは毎年、夏合宿を行なう。啓太は、小学生の時から合宿中に必ず微熱を出して寝込んだ。原因はホームシックだった。それが高等部二年まで続いていた。

布団で寝ているあいだ啓太は、付き添いの指導員に画用紙で紙相撲を作ってもらった。相撲好きの啓太のために、少しでも気が紛れればと、ある指導員が考えついたものだった。

啓太は、この紙相撲を「思い出」と呼んで大切に保存していった。そして時々、〝歴代〟の力士たちを並べては眺めるのだった。

こうして迎えた、啓太が高等部三年の合宿――。

一日目、山梨県にある山荘へとバスで向かう。その車内で啓太が私に話しかけてきた。

啓太「きのう、熱出た」

私「（熱が出たのは）去年じゃないの？」

啓太「去年、熱出た。覚えてる。花火、寝てた」（去年の合宿中に熱が出たことを覚えている。みんなが中庭で花火をしているあいだ僕は布団で寝ていた）

私はすかさず、「今年は？」と聞いてみる。すると啓太は、「熱、出ない！」ときっぱりと答えたのだ。

この〝予告〟どおり啓太は、一日目の夜にはみんなと花火をして、二日目はハイキングにも出かけた。高三にしてついに、発熱しないで合宿を終えることができたのだった。

啓太は、以前の自分を振り返って、今年は熱を出さないと〝決意〟した。その「以前の自分」は、

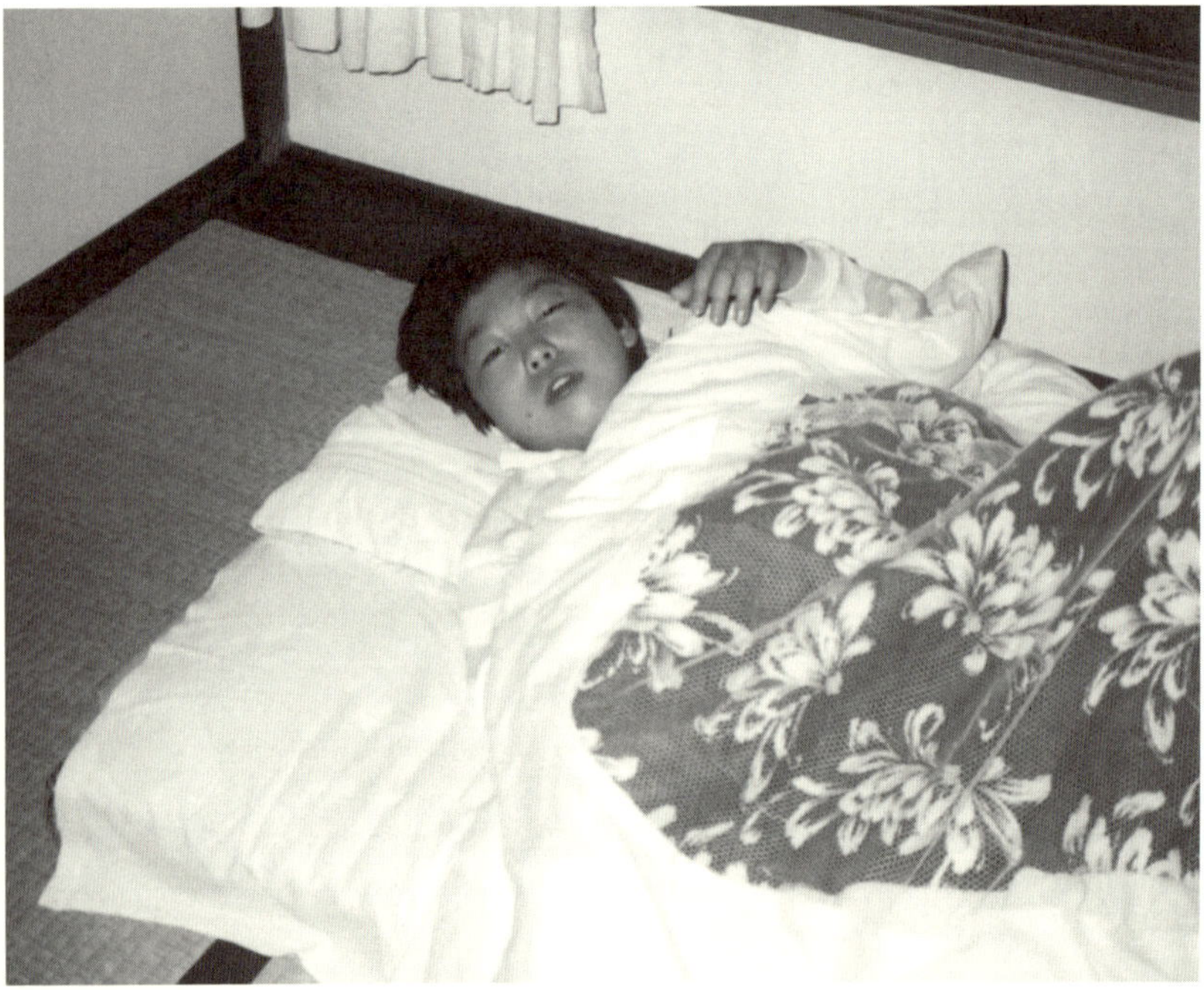

ホームシックで寝込む

紙相撲の「思い出」とともに啓太の心に刻まれている――私にはそう思えてならない。年に一度の合宿は、啓太にとって自分自身の成長をとらえる機会でもあったのだ。

＊「ライバル」駿平に勝った！（高等部卒業間近）

啓太の高等部卒業が二ヵ月後に迫ったある日。みんなで西東京市の公園に出かけた。啓太は、職員の榎沢の手を引いて砂場に連れていく。榎沢に相撲の相手をしてほしいのだ。そこに、啓太の「ライバル」である駿平（中学三年）が現われた。駿平は、自信満々な様子で啓太の前に立ちはだかり、両足を広げてシコを踏む。するとその途端、啓太は砂場から離れていってしまった。駿平と相撲を取って勝ったためしがないからだろう。

榎沢が行司の言い回しを真似る。「ひがーしー、曙ー。にーしー、小錦ー」。その呼び出しにつられて、啓太がようやく戻ってきた。「はっけよーい、残った！」。榎沢のかけ声と同時に、駿平が啓太の腰をすばやくつかんだ。啓太は、片手で駿平のあごを押して応戦する……。

（ここからが問題だな）。私は考えを巡らせた。いつもの啓太なら、（駿平にはかなわない）と途中で諦めて、自ら崩れるようにして倒れてしまう。私は、「力、抜いちゃダメだよ」と声援した。周りの指導員も、「突っ張りだよ」などと声をかけた。そのせいか啓太は、腕の力を持続させて、駿平を押し続ける……。

駿平が啓太の側面に回り込もうとした時だった。駿平は不覚にも、体のバランスを失って転んでしまったのだ。「やったー」。啓太が両手を突き上げて歓声を上げる。（本当に勝ってしまうとは！）。私も榎沢も度肝を抜かれた。

啓太は、気持ちが萎えそうになるのを我慢して腕に力を込め続けた。そして、「ライバル」駿平に初めて勝ったのだった。

学校時代の成長を象徴するかのような〝白星〟を挙げて、啓太は高等部を卒業していった。

＊自ら気分転換を図る（作業所で）

啓太は卒業後、市内の障害者作業所に通うことになった。

私は、しばらく経ってから作業所に出向いた。啓太のグループはデパートの大型紙袋に紐を取り付ける作業をしていた。啓太は、小さな金属の輪に紐を差し込んでいる。

指導員が啓太の様子を教えてくれた。「作業にムラがありますね。指導員がそばにいるといないとでは、作業量が倍くらい違います。『頭痛い』『熱ある』と訴えることもあります……」。啓太は手先を使うのが苦手だ。作業にムラがあって、「頭が痛い」とグチをこぼすのも無理はない。

指導員が説明を続ける。「……でも、昼休みには仲間を誘って庭でサッカーをやっていますよ。そ

相撲（右は職員の榎沢）

れに、休むことなく作業所に通っています」。それを聞いて私は、(さすが、ゆうやけ出身者!)と叫びたい衝動に駆られた。

昼休みには自ら仲間を誘って屋外でボールを蹴り合う。そして、そのことで気分転換をはかっていると言うのだ。ゆうやけで培った長年の経験が啓太の作業所定着を助けているのだった。

(これなら啓太は大丈夫)。私は心弾ませて作業所をあとにした。

啓太の母親がかつてを振り返って語る。「啓太は学校とゆうやけの二本立てで育ててもらいました」と。(あれほど〝か弱かった〟子どもがよくぞここまで……)。私の頭に、「子どもはよく学び、よく遊べ」というフレーズが自然に思い浮かぶ。

だが、啓太がゆうやけに参加した時期の大半は、活動がまだ十分に展開できなかった。しかも、私を含めて指導員たちの力量は非常に未熟だった。それでも啓太は育ってくれたのだ。

私は、この子らとの出会いによって少しずつ指導員になってきた——改めてそう思うのだった。

第２章　ゆうやけで輝く子どもたち

第3章　ゆうやけの仕事は楽ではないけれど

1　心身ともに疲れ果てる夏

＊夏――職員にとって試練の時

ゆうやけ子どもクラブの職員の仕事は決して楽ではない。財政難のため、必要な人数の職員を置くことができないからだ。子どもへの指導、アルバイト指導員やボランティアの確保、保護者への連絡、車の運転、会計事務、プリント類の作成、他団体との連携……。少人数の職員で何でもこなさなければならない。

中でも夏休み期間中の活動はまさしく尋常ではない。ゆうやけ「第二」も含めて、ひと夏に延べで一〇〇〇人もの子どもたちが参加する。活動時間も、朝から夕方まで長時間に及ぶ。こうした状況に対応するには、職員とアルバイト指導員だけではとうてい間に合わない。五月の連休明け早々から、連日のように電話をかけまくって、大勢のボランティアを探す。そして、七月半ばまでに全日程の参加者名簿とプログラムを載せた膨大な資料を作り上げるのだ。

本番に突入すれば、毎日が重労働だ。私などは、プールの活動だけでその日の体力のほとんどを消耗してしまう。しかも、近年の暑さはわが身にこたえる。私のTシャツは汗でぐっしょり濡れて、白く塩が浮かんでくる。その日の活動が終わって事務室に戻れば、疲労のあまり、いきなり睡魔が襲ってくる始末だ。

そのほかにも、二泊三日の合宿（千葉での海水浴。山梨でのハイキング）、川遊び（埼玉）など、いくつもの〝山場〟が待っている。私たち職員にとっては、活動の最終日（八月三一日）を迎えるまでは〝試練〟の時なのだ。

＊「自立支援法」が困難を強いる

だが、それだけではない。福祉を取り巻く厳しい情勢が私の気持ちまでも参らせる――。

ゆうやけなど、障害のある子どもの放課後活動を行なう東京のグループは、東京都の制度によって補助金を受けている。そのため私たちは、この制度の継続・発展を願って、都に要請を行なう。夏の要請行動の席上、都からの回答は素っ気ない。「新規には補助金を出さない」と。しかも、ゆうやけのように、ひとまず補助金が出ているところでも、これがずっと続く保証はない。「障害者自立支援法」という法律が二〇〇六年に実施されたため、これからの障害者福祉はこの法律の枠組みの中で行なう――これが都の方針になっているからだ。私たちの活動は、法律の枠組みに入らないため、〝宙ぶらりん〟状態になっているのだ。

むろん、「自立支援法」の枠組みに入りさえすればよいわけではない。利用者の負担が増えたり、事業所の運営が厳しくなったり……。法律そのものが、様々な困難を強いることにもなる。

ゆうやけが一九七八年に発足して三〇年――。多くの関係者が情熱を傾けてゆうやけを築き上げてきた。そうしたかけがえのない歴史が、制度の変更によって〝尻つぼみ〟になるようなことがあるならば……。そう思っただけで私は、いても立ってもいられない。


こうして私はこの数年、夏を迎えるごとに心身ともに疲れ果てるのだった。

だが、そんな私を励ましてくれるのは、何よりもゆうやけの子どもたち――。

2　子どもの願いに突き動かされる

＊「一筋縄ではいかない」岳志

岳志（特別支援学級中学三年。知的な発達の遅れ）は自己主張の強い子ども。それだけに一筋縄ではいかない。脱ぎ散らかした衣服を畳むように指導員が注意すれば、「畳んどいてよ」と言い返す。体を使って関わってほしいのか、指導員を後ろからいきなり羽交い絞めにすることもある。テーブルホッケー（円盤型のパックを相手と打ち合うゲーム）をして負けるならば、ふてくされてテーブルの下に潜り込み、しばらく出てこない。

その一方で、小学校低学年の小さな子どもたちにはしつこく世話を焼く。抱っこをしたり、おんぶをしたり、膝に乗せたり……。時には子どもたちが嫌がるほどに。

＊「ルールを踏まえて」動いている！

そんな岳志が、千葉で行なう夏合宿（中高生などが対象。指導員を含めて総勢三〇数名）に参加した。一日目は、宿泊施設の体育館で二時間たっぷりスポーツをする。

岳志は、体育館に入ると、すぐにバスケットボールを取り出した。そこに博美（中学三年）と奈々江（高校一年）も加わって、一つのボールを奪い合うようにしてシュートを始める……。私は、その様子を見ていてハッとした。あの、しゃにむに自分を押し通そうとする岳志が、博美や奈々江がシュートをするとき、無理やりボールを奪おうとはせず、待っているのだ。

その後は、全員で二チームに分かれて、バスケットボールの試合を行なった。岳志は、張り切って走り回り、何度もシュートを打つ。だが、進路を敵にふさがれると、ボールを味方に渡そうとする。自分にボールを回してほしい時には、「パス、パス……」と声も出している……。見事にルールを踏まえて動いているのだった（ゆうやけのバスケットボールには、「トラベリング」「ダブルドリブル」などの反則はない。ただし、ドリブルしないでボールを持ったまま歩いていると、「歩き過ぎ！」などと注意される）。

試合結果は岳志のチームの負け。だが、岳志に機嫌を損ねた様子はない。（普段なら、怒り出してもよい場面なのに）。私は拍子抜けする思いだ。

続いてフォークダンスの曲がかかった。岳志は、ただちにみんなと手をつないで、音楽に合わせて踊り出す……。

＊力を発揮できるチャンス——夏合宿

その日の夜。指導員たちは、一室に集まって「反省会」を行なった。私は、岳志の様子について思いつくまま報告した。

「岳志は、博美や奈々江と交代し合ってシュートをした。みんなと一緒にバスケットボールの試合もした。そうやって、ルールを使いこなして活動した満足感があるからだろう。試合に負けても平気だった。そして、フォークダンスにも参加した。ルールをわがものにしたい——そんな成長への願いが彼にはあるのではないか……」

そこまで話をしていって、私は自分のいたらなさに気づいた。（なんということだ。今まで私は、岳志のうわべしか見ていなかった……）。〝乱暴〟にも思える言葉や行動、小さな子どもへの過剰な世話焼き――それらは実は、本当の願いが満たされず、〝不完全燃焼〟でいる岳志の心のさまを表わしていたのではないか。だとすれば、今回のような合宿は、自分の力を存分に発揮できる、めったにないチャンス。身も心も対象に向け切れる活動こそ彼に必要だったのだ。

私は改めて思い直す。（やはり夏合宿は来年以降も続けなければ……）と。子どもが時々、無言で伝えてくる「本当の願い」が、私を次の行動へと突き動かすのだった。

だが、励ましてくれるのは子どもだけではない。私たちは時に、思いがけない人たちからも励ましを受ける――。

3　周りの人たちの厚意や刺激に鼓舞される

＊車は「人に幸せを運ぶもの」

夏の活動が終わって、秋が深まるころ。「イモ掘り会」への招待状がゆうやけに届いた。送り主は、市内にある「イシゲ自動車」という中小企業だ（ゆうやけでは、この会社に車両の整備を頼んでいる）。社長が自ら畑を耕してサツマイモなどを育て、顧客にイモ掘りをさせてくれるというのだ。

「イモ掘り会」の当日。希望する子どもと指導員とで、一〇数人の「イモ掘り組」を編成する。ゆうやけからイモ畑まで徒歩一五分。イモを掘ってビニル袋に詰め、手にぶら下げて歩いて帰ってくる予定だ。私はゆうやけで、「居残り組」と一緒になっておやつを作り、「イモ掘り組」の帰りを待つ。

しばらくして、ゆうやけの玄関前で車の停まる音がした。（来客かな）。私は外に出てみる。すると、軽トラックが一台停まっていた。運転席から降りてきたのは、なんと「イシゲ自動車」社長の石毛さんご本人だった。「子どもさんがイモを持って歩くのはたいへんでしょうから、車で運びましたよ」。石毛さんが笑顔で話しかけてくる。子どもたちが手ぶらで帰れるようにと、わざわざトラックでイモを運んでくれたのだ。

（子どもたちのためにと、こんなに心を砕いてくれる人がいる）。私は、トラックの荷台から、イモの入った袋を下ろしながら、うれしさで胸が熱くなった。そして、こんな言葉をふと思い浮かべた。（車とは、人に幸せを運ぶもの）――。

日頃、障害者問題に接点のない人までも厚意を寄せてくれる――このことは私たちにとって、このうえもなく大きな喜びであった。

＊確信をもつための学習

冬のある日。都内で、障害のある子どもの権利をテーマにした学習会が開かれた。（たまには視野を広げる学習もしなければ……）。私は仲間を誘って参加した。

学習会の講師は、障害のある人の「人権」がどのようにして国際的に確立してきたかを詳しく語った。続いて、全国各地の保護者や関係者が「障害者自立支援法」がもたらした困難などについて切々と訴えた。

そして最後に、講師がまとめの発言をした。「皆さんの話を聞いて、とても勉強になった。だが、率直に言って、権利意識がまだ足らないのではないかと思う」。やや〝辛口〟のコメントであった。（現状を嘆くだけではなく、志を高く持って行動しよう）――そんな期待がこもったメッセージに違いない。

だが私は、それを聞きつつも、改めて疑問が湧いてきた。（そもそも「権利意識」とは何だろう）。今ひとつストンと落ちない。けれども、学習会はもう終わろうとしている……。

主催者の一人が閉会の挨拶に立って、こう言った。「『自立支援法』の影響で運営が窮地に追い込まれている障害児施設もある。だが、あるお母さんが、『この施設は私たちがつくり上げてきたもの。つぶすわけにはいかない』と話されていた。それが『権利意識』なのではないか」と。

（ああ、これならよくわかる）。私は深くうなずく思いだった。

ゆうやけ三〇年の歩みには、多くの人たちの善意が結晶している。愛おしくて、決して失われてはならないものだ——そうした意識こそが私にとって、つかむべき「権利意識」なのではないのか。

私は、この挨拶を聞くだけでも、学習会に参加した甲斐があった。ゆうやけの仕事を確信をもって進める——そのためには時に、学習による刺激も必要なのだ。

ゆうやけの仕事は確かにつらい時もある。だが、子どもたちの願いに励まされ、周りの人たちからの厚意や刺激によっても鼓舞される——。

私は毎年、夏を越えるたびに、ゆうやけの活動の意義の大きさもまた噛み締めるのだった。

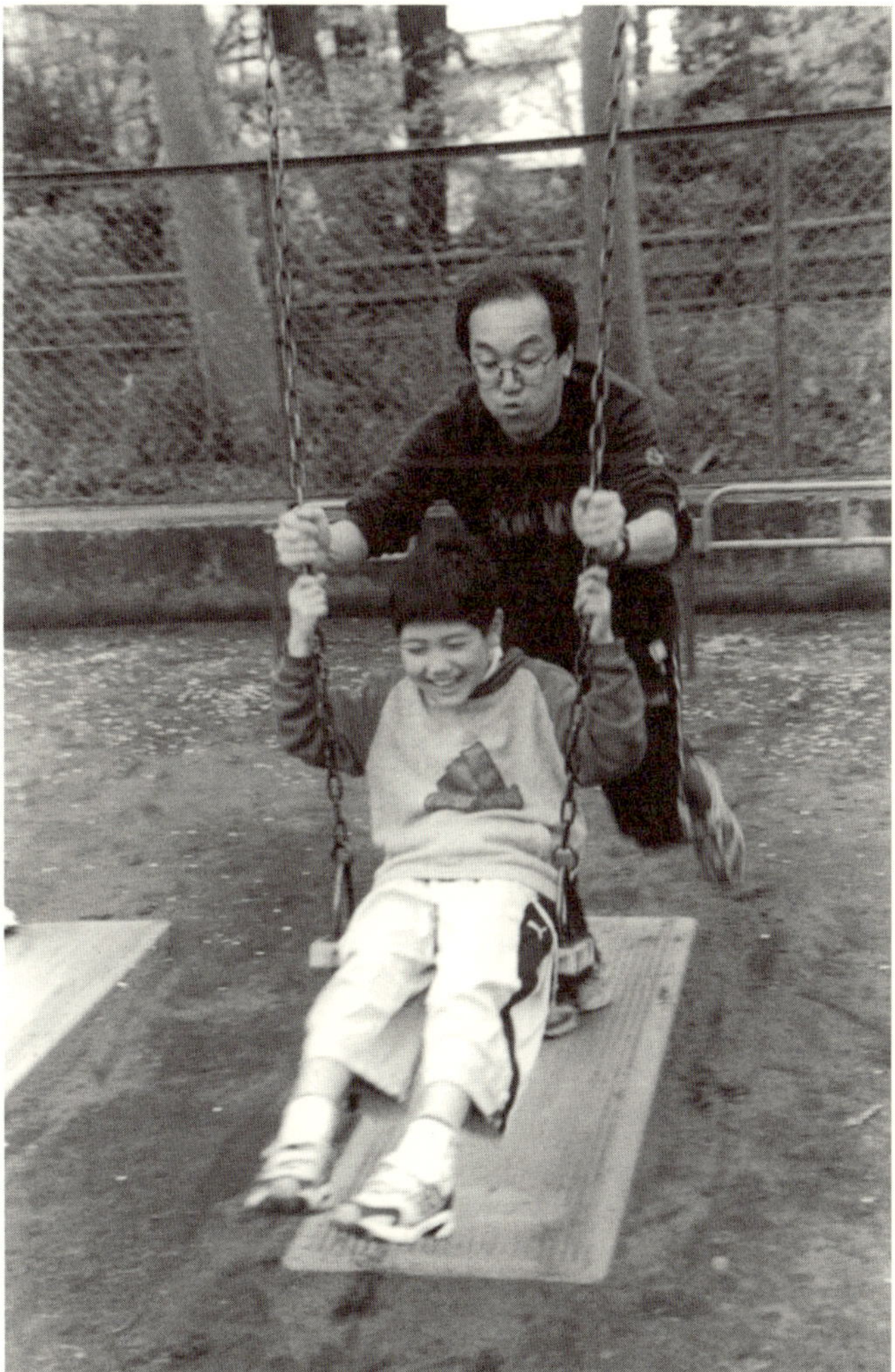

補章

いま障害児の放課後は

――障害のある子どもの放課後保障運動の到達

津止正敏

「変わらないこと」と「変わりつつあること」

私たちが待ちに待って待ち焦がれた本が出版されると聞いて嬉しくなった。障害のある子どもの放課後保障実践を綴った、障害のある子どもの放課後保障全国連絡会（全国放課後連）の事務局長村岡真治さんの実践記録、本書だ。まったくの蛇足になることを恐れるが、本書の背景にある障害のある子どもの放課後保障を巡っての情勢を簡単に記して応援メッセージとしたい。

現実の放課後実態をみると、障害のある子どもたちの「第三の世界」は相変わらず貧しいままである。これまでも各地で障害のある子どもの実態調査が数多く行われてきたが、例外なく、障害のある子どもの多くが、放課後は出かける場所もなく家の中でテレビ・ビデオ漬けの生活を余儀なくされていること、母親との関係が主なもので、兄弟姉妹も懸命に母親をサポートしていること、父親も休日には家族そろってのドライブや買い物で支えていること、もちろん友だちとの交流は少なく、家族の踏ん張りでかろうじて持ちこたえていること、そして家族カプセル化のような孤立感を深めていること、等々が明らかにされてきた。これは今も変わらない障害のある子どもと家族の放課後の生活実態である。

しかし、同時に、こうした不変の部分とともに、大きな環境変化が生まれつつあることもこの間の調査研究が明らかにしてきたところである。表1は、全国放課後連が私の研究室と共同で行った「障害のある子どもの放課後・休日の支援に関する調査」（二〇〇七年一一月〜二〇〇八年二月実施）での障害児の放課後保障に関わる活動・制度・サービスの利用実態だ。二〇〇三年の支援費制度や二〇〇六年の自立支援法によって、それまでは都市部や一部自治体でのモデル的限定的なものとして存在した障害児の放課後に対応した活動や制度・サービスが、全国的規模で可視化しつつあるといえよう。こうした結果は、私たちが同時期に並行して行った全国の自治体での放課後関連の事業実施を問うた調査の結果でも、例えば移動支援（八七・八％）、日中一時支援（七九・八％）、児童デイサービスⅡ型（六一・三％）などの高い実施率として反映している（表2）。相変わらずの貧しい放課後実態は残しているが、大きな変化であろう。変化への着目は運動論の原点である。

表1　子どもが利用している支援 (n=4429)

支援内容	回答	%
利用している	3365	76.0
学童保育	262	
小学校の教室を利用した放課後活動	48	
児童館	48	
ガイドヘルプ・ホームヘルプ	1036	
児童デイサービス	967	
日中一時支援事業（日帰りショート）	1277	
障害児タイムケア事業	360	
障害児のための学童保育・放課後活動	736	
長期休暇だけの活動	228	
レスパイト事業	370	
学校の部活動	226	
塾・習い事	536	
スポーツクラブ	369	
ボランティアサークル	264	
ボランティアの家庭派遣	18	
その他の制度サービスの利用	237	
利用していない	1018	23.0
無回答	46	1.0

＊この回答結果は、調査回答者が全国放課後連のコミュニティ及びその周辺者ということを考慮する必要がある。

表2　自治体が実施している事業 (n=1315)

分　類	事　業　名	1　ある	2　ない	無回答	実施率(%)
一般施策	A　放課後児童健全育成事業（学童クラブまたは学童保育）	945	348	22	71.9
	B　放課後子ども教室推進事業（放課後子どもプラン）	358	911	46	27.2
	C　児童館事業（自由来館等）	631	650	34	48.0
	D　全児童対策事業	102	1100	113	7.8
自立支援一介護給付事業	E　重度訪問	862	411	42	65.6
	F　身体介護（見守り含む）	1115	168	32	84.8
	G　行動援護	949	332	34	72.2
	H　短期入所	1155	139	21	87.8
	I　児童デイサービスⅡ型	806	460	49	61.3
自立支援一地域生活支援事業	J　移動支援	1154	146	15	87.8
	K　日中一時支援（日帰りショート）	1050	249	16	79.8
	L　日中一時支援事業（障害児タイムケア）	291	973	51	22.1
	M　社会参加促進事業	235	976	104	17.9
自治体単費	N　自治体独自の単費事業	132	1117	66	10.0

＊実施率は無回答であった場合も母数に含む

放課後と発達保障

一年は時間に直せば八七六〇時間だが、京都の調査(1)によれば、障害のある子どもが家庭・地域で過ごす時間は七一六八時間、学校では一五九二時間、という結果になっている。全国の学童保育関係者の調査(2)では子ども（小学校一年生〜三年生）が学校にいる時間（年間約一一四〇時間）より、学童保育で過ごす時間（年間約一六三〇時間）の方が五〇〇時間も多くなっている。いずれにせよ、一年の八割以上の時間を学校外の家庭・地域で過ごしているわけである。京都調査に依拠しても毎日の睡眠時間が一〇時間として一年では三六五〇時間、残りの三五一八時間が家庭・地域で、本来ならアクティブに且つゆったりと自分らしく過ごせる時間であるはずである。障害児とその家族が、放課後をその時間に支配されるのではなく、自分の自由な時間の主人公となっていくための必要な資源と条件を作り出していくことが重要であろう。そのことによって子どもや家族、そして地域はどのように変化・発展していくのか。私たちが、障害のある子どもたちの放課後活動の制度的保障を要求していくとき、この点での説得力ある実証的理論的検証がどうしても必要である。本書は放課後保障運動の抱えるこの大きな重い課題に、自らの実践をもって正面から応えようとしたものであり、運動当事者の貴重な実践記録である。

(1) 津止・津村・立田編『障害児の放課後白書』クリエイツかもがわ、2004年
(2) 全国学童保育連絡協議会が2006年6月21日に発表した調査結果による

全国放課後連とタイムケア事業

二〇〇五年を「放課後元年」にしよう——これは、「障害のある子どもの放課後保障全国連絡会（略称：全国放課後連、二〇〇四年八月結成）」の集会で私たちが提起したスローガンだ。

二〇〇二年四月の学校完全週五日制の実施を前後して、障害児の放課後問題に改めて関心が集まり、行政の政策課題として浮上してきた。二〇〇三年四月には支援費制度がスタートし、モデル的かつ限定的にではあるが、学齢障害児の福祉課題に対応したショートステイ、ホームヘルプ、デイサービスなど地域生活支援の事業展開が始まり、放課後支援メニューが豊富になってきた。多くの自治体が父母の運動や要求、子どもたちの放課後実態の改善課題から独自に取り組んできた放課後支援施策も支援費制度発足以降の流れを後押しした。二〇〇五年度からは、国の障害児のタイムケア事業がスタートした。この事業はその後、自立支援法のもとで、日中一時支援事業に統合されてしまったが、障害児の放課後の活動保障と、父母の就労や社会参加保障という二つの課題を統合していたことが特徴である。レスパイトサービスやショートステイ、ホームヘルプなど養育における父母負担の軽減を柱とした施策や、また児童デイサービスなど子どもの療育を主眼とした施策と、タイムケア事業との大きな差異がこの複眼の事業目的にあったのではないか。

障害のある子どもの放課後問題に関わって、全国放課後連の結成とタイムケア事業のスタートという、問題―政策―運動という障害児の放課後保障の水準を決定づける動力が勢揃いしたのがこの時期である。まさしく二〇〇五年は「放課後元年」と呼ぶにふさわしい環境を備えつつあったといえよう。いま私たちは、自立支援法という厳しい環境下で「放課後元年」をどのように引継ぎ、発展させていくのかという重い課題に直面している。

放課後支援団体の多様化

筆者らが全国放課後連とともに取り組んできた「障害児の放課後活動団体に関する調査」（二〇〇五年一月〜二月）にも、前記の変化の指標が現れていたが、その一つが活動団体の設置と運営の形態がずいぶんと多様化していることであった。

親やボランティアが運営する任意の団体が全回答三〇九カ所中一四〇団体と最も多かったが、私たちの行った団体調査がこの種の取り組み団体を主要なターゲットとしていたことからすれば当然のことではあった。私たちの予想を超える変化とは、放課後保障に取り組む団体に、社会福祉法人が運営する活動が八一団体、ＮＰＯ法人も七二団体あったということであり、社会福祉法人も社会福祉協議会や障害者施設、事業サービスを運営している法人、作業所を運営しながらレスパイト・

学齢期を支えている団体、障害児の放課後活動を公設公営で実施している自治体一一ヵ所、等々多様であったということである。株式会社もあった。その多様な運営団体や事業の組み合わせの中に児童デイサービス事業を活用して障害児学童保育を実施している事業所が四五団体含まれていたことも新たな発見であった。支援費制度が「開いた」こうした事業主体の多様化の傾向は、放課後支援メニューの豊富化とともに行政の責任と役割の曖昧化を加速させているが、二〇〇六年の自立支援法施行後ますます顕著になっている。

自立支援法下での放課後支援

自立支援法は、二〇〇五年に一旦法案が上程され、当事者を中心とする国民的規模での反対運動の中で廃案となったが、再度国会に上程され二〇〇五年一二月に採択された。二〇〇六年四月には応益負担（利用料の一割負担、食費などの実費負担など）が実施され、同年一〇月には、支援費制度（居宅生活支援・施設訓練等支援）と国庫補助事業、自治体制度などからなっていた障害児・者福祉サービスを、介護給付・訓練等給付・地域生活支援事業という三分野の枠組みにするという福祉サービスの体系を見直しての自立支援法の完全実施の運びとなった。この法は施行後すぐ国民的な抵抗運動に晒され今も見直しの最中にある。支援メニューの細分化、応益負担などこの制度の根幹が障害者、家族、関係者の立場から正しく見直されることが何より優先されるべきである。

この自立支援法が障害のある子どもの放課後支援へどのように影響するのかについて簡単に記しておく。この稀代の悪法、自立支援法は、障害のある子どもとその家族の暮らしに困難をもたらしていることは言うに及ばないが、一方で政策主体の意図とは別に、放課後支援の「パンドラの箱」を開けたという事実も指摘しておきたい。すなわち学齢期の子どもの福祉サービスを確実に政策課題にしたことである。障害のある子どもの放課後支援に関係する福祉サービスには、学童保育やタイムケア事業などピンポイントサービスにとどまらず、自立支援法に定める日中一時支援（日帰りショートやタイムケア事業）や移動支援、社会参加促進事業など自治体がその判断に基づいて実施する地域生活支援事業にも関連サービスがある。また国が責任をもって全国一律に実施される施策にも、児童デイサービスⅡ型や短期入所（シュートステイ）、居宅介護（ホームヘルプ）、行動援護、などの福祉サービスもある。こうした学齢期を対象とする福祉サービスが自立支援法の仕組みに乗って一挙に全国の市町村施策に流れ込んだ。これらは直接的な放課後施策ということではないが、全国放課後連や各地の関係者からは、子どもの状態や父母のニーズに応えながら、細切れではあっても幾つかの制度を組み合わせながら、障害のある子どもと家族の地域生活支援に実を挙げている事例も多く聞かれるようになってきた。法改正によって根本を作り変えていく取り組みと、その運用の中での現実的実践的な取り組みへの問題提起ともなろう。

おわりに——私たちの放課後支援の内容

村岡さんの実践やこの間の全国放課後連での議論を通して、障害のある子どもの放課後支援施策のコア部分もおおよそ確認されようとしている。筆者なりにまとめてみれば、以下のようなものとして整理できるのではないかと思う。

一、単なる預かりだけでなく、活動があるということ（発達保障）
二、仲間がいるということ（集団性）
三、一人ひとりに目が行き届き、それぞれにふさわしい処遇があるということ（個別性）
四、必要があれば毎日でも利用できるということ（安定性）
五、住まいの身近なところにあるということ（地域性）
六、学校・自宅への送迎もあるということ（アクセス権／利便性）
七、家族の就労や社会参加が保障されるということ（家族支援）
八、指導員がいるということ（安心・安全・発達保障・運営管理）
九、適切な施設と設備が整備されているということ（空間／環境）

一〇、利用負担は、利用抑制に機能しない適正な範囲であるということ（応能負担）

全国放課後連に結集する仲間や父母はもちろんのこと、障害のある子どもの教育・福祉・医療に関わるすべての関係者の英知を集めて、放課後施策に関わっての大きな合意水準を作り出していくことが急務である。村岡さんの手による本書が、多くの関係者の手に届き、放課後実践の道標となって私たちの放課後保障運動を牽引することを願ってやまない。

つどめ　まさとし／立命館大学産業社会学部教授、障害のある子どもの放課後保障全国連絡会副会長。
著書『男性介護者白書』（津止正敏・斎藤真緒、かもがわ出版）ほか。

で、自分自身をコントロールする力や相手との関係を調整する力などを豊かに身につけていきます。そのことは、学校卒業後に生きて働く力の土台を形成するものです。子どもが困難に直面しがちな「思春期」という時期を経過する学齢期だからこそ、その重要性がいっそう勘案されるべきです。

つきましては、障害のある子どもの放課後活動に関して、次のように要望をいたします。

1、緊急的な措置として、「児童デイサービスⅡ」の報酬単価を少なくとも2006年9月までの水準に戻してください。

2、障害児施設再編に向けて、障害のある子どもの放課後活動に対応する制度を確立してください。その際には以下のような点に留意してください。

[目的]

①障害のある学齢児の発達支援
②保護者の就労支援
③家族のレスパイト（心身の休息）

[対象]

①障害のある学齢児（小学生から高校生まで）で、特別支援学校のみならず通常学校の子どもも対象にする。
②保護者が就労しているかどうかを問わない。

[事業イメージ]

①毎日通うことができる。
②放課後活動にふさわしい施設・設備がある。
③専門的な力量を持った常勤職員が配置されている。
④放課後活動にふさわしい実践のプログラムがあり、仲間関係をつくることができる安定的な集団がある。
⑤学校への迎えなどの体制がある。

〈資料〉

2008年１月28日

厚生労働大臣　舛添要一殿

障害のある子どもの放課後保障全国連絡会（全国放課後連）
会長　園山満也

障害学齢児の放課後活動に関する要望書

日頃より障害者施策の推進のためにご尽力いただき、感謝申し上げます。私たち全国放課後連は、障害のある子どもの放課後活動（夏休みなどの学校休業日の活動も含む）を発展させることを目的とした全国組織です。

さて、障害者自立支援法が完全実施に移された2006年10月からは、学齢児を中心とした児童デイサービス（児童デイサービスⅡ）の報酬単価が大幅に引き下げられました（旧基準の７～８割。新基準「児童デイサービスⅠ」の５～６割）。さらに、この児童デイサービスⅡは、2009年度に予定される障害児施設再編までの「経過措置」とされ、その存続が危ぶまれています。

こうした児童デイサービスⅡの移行先としては、地域生活支援事業の「日中一時支援事業」が推奨されています。しかし、「日中一時支援事業」は、「日中ショート」が横滑りしてできた「預かりサービス」が主目的となっており、また、事業内容・水準が市町村の財政事情に大きく左右されるものです。したがって、児童デイサービスが掲げている発達支援という事業目的、そして、その事業目的を達成するための公費水準が「日中一時支援事業」では必ずしも担保されません。

また、2005年度に開始された「障害児タイムケア事業」は、補助水準がまだ不十分ではあったものの、障害のある中高生などを対象にして、放課後活動の場の確保による社会適応訓練、保護者の就労やレスパイトへの支援を事業趣旨に組み込んだものでした。私たちはこれを、障害のある子どもの放課後活動に対応する制度化の芽生えとして大いに歓迎いたしました。しかし、これは2006年10月から「日中一時支援事業」に統合されてしまいました。

一方、地方自治体では、障害のある子どもの放課後活動を支える独自施策をすでに持っていたところでも、障害者福祉施策の今後の展開を障害者自立支援法の枠組みに当てはめようとする動機から、そうした独自施策の“見直し”を進めている場合も現われてきています。

学齢児の放課後活動は単なる「預かりサービス」では決してありません。「子どもは夕方育つ」とも言われるように、学校教育とは質の異なった、主体的に参加する活動や集団の中

本書を読まれる方へ

「ゆうやけ子どもクラブ」で生み出された「人間発達のドラマ」

竹沢　清

〝不器用な〟村岡さん

〝不器用な人〟――著者の村岡さんを一言で紹介するならば、私はそう言うだろう。考えてもみてほしい。

せっかく、中学校の英語の教員に採用されたのに、一年でそれをやめて、障害児の放課後活動の仕事に就く――。

就業規則や給料表はもちろん、職場そのものがないようなところに、である（そのいきさつが、第一章で記される）。

そして、近頃の、私との関わりで言えば、こうだ。

村岡さんが私あてに、「直してほしい」と実践記録を送ってくる。私が赤ペンを入れて返送する。

それをさらに直した文が送られてくる。こうしたやりとりは、たいていの人は、二回どまりだ。だが、村岡さんの場合、ほとんどが四回に及ぶ。私が、(もういいかな)、と思っていても、接続詞、句読点の一つひとつまで直して、完成稿にして送ってくる。

――〝不器用〟。

だが、この言葉、実は、私にとっては、ほめ言葉だ。

今どきは、〝スマートに〟、(この子は○○だ)、と決めつけにも似た〝早わかり〟をしがちだ。それにひきかえ、村岡さんは、(この子の本当のねがいはどこにあるのか)を、とことん問い続ける。〝愚直な〟ほどに。

こうした営みは、今は、なんと貴重であることか。子どもは、じっくりと働きかける中でしか、見えてこないからだ。

村岡さんと障害をもつ子らとのはじめての出会い――。

彼は「障害者＝車イスの人」と思い込んでいたから、走りまわる自閉の子らに驚く。また、署名〝運動〟と言っても、「運動＝スポーツ」を思い浮べるありさまだった。その彼が、まさしく〝不器用〟だったから、子ども・親・同僚と、「ともに歩み」「自分の体と心で納得する」ことを大事にしてきた。

本書には、その三〇年におよぶ村岡さんの実践者としての歩みが記されている。ここから私たちは、「実践主体がどのように形成されていくのか」を読み取ることができるだろう。

「ゆうやけ」があったから、子どもたちが育った

ゆうやけ子どもクラブの中で、子どもたちが育つ。そして、子どもの事実に出会って職員・親が育っていく。

それが第二章の中身であり、本書のもっとも読みごたえのあるところだ。

実践の中で何を大切にしてきたのか——私なりに、いくつかあげてみたい。

その1　問題行動を発達要求ととらえる——「困った子」ではなく、「困っている子」として

私たちの、子どもとの出会いは、時として、問題行動との出会いだ。

子どもの問題行動の中に、その子の屈折した形での、発達へのねがいを汲み取ること、それを私たちは「問題行動を発達要求ととらえる」と言ってきた。それは、私たちと子どもの出会い直し、とも言える。

第二章では、次々と、〝悩ましい〟子どもたちが登場する。

『手が汚い』と言われただけで、トイレに駆け込んで、全身に水をかける」恭子（小四）。「〝か弱い〟啓太（小二）は、活動が始まっても、部屋の隅で指導員に抱かれたまま。冗談に『お母さんが迎えに来ないよ』と言えば、『ママ……』と涙をこぼす」……。

――その一人ひとりと「どう出会い直し」、彼・彼女が、どのように変わっていったのか。その過程は、まさに、珠玉の「人間ドラマ」。小さな一歩ずつの変化だが、村岡さんの生き生きした描きによって、実に感動的だ（「人間をリアルに描く」ことは実践記録の勘所でもある。実践記録の一つの財産として、この『ゆうやけで輝く子どもたち』が、新しく加わったことはうれしいことだ）。

この子らを変えずにおかなかった場が、「ゆうやけ子どもクラブ」。そこで、どのような営みがなされてきたのか。私は、ゆうやけ子どもクラブの特徴（そこで大事にされてきたこと）を三つあげてみたい。

・長期にわたる活動
・異年齢をも含んだ「多様な集団の力」
・「要求から出発する生活」を組織

その2　長期にわたり、「長い眼」でとらえる

①子どもの「できる・できない」に一喜一憂せず、「人間としての育ち」に注目する

「か弱い」啓太も、中学部の頃には、自分を出せるようになってきた。そして、養護学校高等部へ自主通学していたときのこと。急におなかが痛くなり、見知らぬ店に飛び込んで、トイレをかり、お礼まで言って、家に帰ってきた、という。そして、高等部卒業後は、作業所に通う。訪れた村岡さんに、作業所の指導員が言う。「作業にはムラがあるが、昼休みには、仲間を誘って、サッカーをやっている」と。

それを知って、村岡さんは、(さすが、ゆうやけ出身者!)と心弾ませる。

そこに、自分で自分の気分を転換させながら、休まずに働き続けている啓太のたくましさを見い出したからだ。

長期にわたって入会――ごく自然なことなのかもしれない。だが、今日の学校現場と比較すれば、それがいかに意義深いものかが、明らかになる。

「教員評価」と称して、「一人ひとりの教員の」「一年ごとの」「数値目標をあげての」〝成果〟が求められたりする。そうなれば、「できる」ことのみが求められて、「人間のゆたかさ」を育てることがおろそかになっていく。

啓太のように、「長い眼でみて」、十数年先に、その一定の成果を、子どもの現実の姿として見ることができる――これは、実践者として、何者にもかえがたい喜びだ。私には、村岡さんの心の弾みまでが伝わってくる。

②子どもに現れた「困難」は、職員集団の中でとらえ直して、克服する長い期間、となれば、順調なときばかりではない。

「こだわり」の恭子も、中学部の頃には、ずいぶんとやわらいできた。だが、高等部になって、学校へ行き渋るようになった。

そのとき、職員集団で、「友だちに関心が向いてきたからこそ、友だちと同じようにうまくできるかどうかが、不安になってきたのではないか」ととらえる。見事、という他ない。発達することは、新しい課題を抱え込みながら生きることでもあるからだ。

本書は、直接的には、村岡さんの実践記録である。だが同時に、ゆうやけ子どもクラブの実践であり、職員集団の実践の記録でもある。その職員集団のハーモニーもこの本の魅力の一つである。

その3　異年齢をも含んだ「多様な集団の力」

先ほどの恭子は、不要なものは破ってすててしまっていた（中学部）。「絵カルタ取り」の遊びのとき、小四の詩織が、自分の手作りのカードを持ち込んできた。案の定、恭子は破ってすててしまう。だが、「小さい子がせっかく作ったのに」、との説明をうけて、手作りカードを受け入れて遊ぶ。小さい子だからこそ、〝お姉ちゃんとして〟、折り合いをつけることができるのだ。異年齢集団の中で、「やわらかな対応力」が育ってきたと言っていいだろう。

子どもたちの自立の姿——それは、「依存から自立へ」ではなく、「依存しつつ自立」なのだということを、ゆうやけの子どもたちが随所に示してくれる。

その4　「要求から出発する生活」をたっぷりと

この「要求から出発する生活」を組織できるところが、学校でもなく、家族でもない、「第三の生活の場＝ゆうやけ子どもクラブ」の最大の強みだ。

恭子に手ごたえのある生活を、と考えて、「タコ焼き月間」を設ける。「タコ焼きで月間（！）」——こうした発想こそ、カリキュラムに縛られがちな学校とのちがいだ。子どもの要求に、タイムリーに、そして、たっぷりとつきあう。恭子は、家庭でも週末ごとに（！）、ずっとタコ焼きをする。そして、一年後に、再び、「タコ焼き月間」が巡ってきた。だが、その途端、恭子は、自宅でのタコ焼きづくりをピタリとやめる。「『タコ焼きは〝極めた〟』とでも言うように」——村岡さんの言葉が印象的だ。

見通しとは楽しみのこと。たっぷりと満足したら、みずから切り換えて、次のステップにすすむ。それを恭子の姿が鮮やかに示してくれる。

「生活の中から要求が生まれ、要求から発達がはじまる」。とすれば、この子らに「権利としての生活」を保障することが求められる。それを追求してきたのが、他でもない、ゆうやけ子どもクラブであったのだ。

実践こそ反撃力

職員の身分の不安定さ、人手不足、施設の不十分さ――。

さまざまな困難をかかえながら、すすめられてきたゆうやけ子どもクラブ（第三章）。

だが、それでも、「志を高くもち続けるならば、これほどのことができる」、と本書が教えてくれる。

先日、全国の作業所の連絡会である「きょうされん」の菅井真さんから次のようなお便りをいただいた。

「教育や社会保障をめぐる厳しい状況下で、若い有能な人材が展望をもてずに職場を去っていく現実もあるなか、家族・関係者から信頼される実践こそが、その最大の反撃力をつくっていくものと思っています」

我が意を得た思いだった。

「実践」「実践記録」という言葉は、一九三〇年代、天皇制教育に抗して、生活綴方教師によって生み出されたという（拙著『子どもが見えてくる実践の記録』中野光解説文〈全障研出版部〉）。

実践を綴ることをとおして、自分たちの営みに確信をもち、実践の主体者になっていったのだ。私たちもまた、子どもの事実に出会って、親になったり、教師・指導員になったりしていく――そんな私たちの歩みに、本書は、「勇気と励まし」を与えてくれる。

たけざわ　きよし／二〇〇七年の定年退職まで、ろう学校に勤務。日本生活教育連盟会員、全障研愛知支部委員。著書『子どもの真実に出会うとき』『教育実践は子ども発見』『子どもが見えてくる実践の記録』（全障研出版部）ほか。

おわりに

ゆうやけ子どもクラブでは今、「三〇周年記念コンサート」（実行委員会主催。二〇〇八年六月八日開催）の準備に追われています。コンサートのプログラムは、保護者・指導員たちが出演する「朗読構成劇」、「ロバの音楽座」（古楽器の演奏グループ）による公演、「ゆうやけ合唱団」によるフィナーレの合唱などです。保護者を中心にしてチケットの普及も進められています。

中には、一人で数十枚ものチケットを売りさばいているお母さんも――。「バスに乗ったとき、たまたま隣の席に座った人に話をして、チケットを買ってもらった…」。自らの経験を楽しそうに語っています。しかも、「障害児に関係のない人でも、話をすればわかってもらえる。周りに、好意的な人がたくさんいることを知った。チケットを勧める機会を持てたことに感謝している」と、非常に前向きな感想も飛び出しました。

障害のある子どもを育てる苦労は小さくないはず。それでも、社会の肯定的な側面もしっかり見すえて、多くの人たちと連携する親の力――。ここにこそ、私たちの運動のエネルギー源があるのです。

私は、こうしたお母さんたちに励まされて、「あしたも頑張ろう」と思います。

本書は、『みんなのねがい』(二〇〇六年一〇月号〜二〇〇七年三月号)に連載された私の実践記録を大幅に書き直して第二章とし、これに第一章・第三章を新たに書き加えたものです。

特に第二章は、書いたのは私であるものの、職員集団による検討と討論を経て仕上がった共同の産物です。

竹沢清先生(愛知県。元ろう学校教員)には、『みんなのねがい』連載中だけではなく、本書の執筆に当たっても、懇切丁寧なご指導・ご助言をいただきました。実践記録の書き方を通じて、実践者としての誇りや生き方まで教えてもらった思いです。

私が竹沢先生から学んだことの一つは、「(読み手が)励まされる実践記録」という視点です。私自身に引き寄せて言えば、「私がすばらしい実践を行なったから、A君が変わった」ではなく、「反省や後悔を繰り返しながら、A君と『出会い直し』をしていく中で、A君が変わっていった」。そして、それを読んだ人が「これなら私と同じ。私にもできる」と勇気づけられる——そんな実践記録です。つまりこれは、実践のあり方の根本——「子どもの育ちは大人の自己変革なくして達成されない」——に迫る問題でもあるのです。

さらに今回は、身に余る書評までお寄せくださいました。

津止正敏先生(立命館大学。全国放課後連副会長)には、障害のある子どもの放課後問題に関する全国的な状況について論じていただきました。私の原稿は全体状況について触れていませんので、この点で読者の関心に深く応えるものになっています。

津止先生は、障害のある子どもの放課後活動の制度確立に向けて、「要求のコア」についてもご提起くださっています。これからの運動の指針として参考にさせていただきます。

本文に登場する子どもたち（すべて仮名）の保護者の方々には、文章と写真の掲載をご快諾いただきました。

写真は、あがた・せいじさん（プロカメラマン。東京都小平市在住）、カバーイラストは永野徹子さん（ゆうやけ子どもクラブ職員）にお願いすることができました。

全障研出版部の皆さんには、私の初めての出版を力強く後押ししていただきました。

実践者としても、文章の書き手としても未熟な私の本が、たくさんの人たちの応援を得て、陽の目を見ることになりました。心から感謝申し上げます。

二〇〇八年五月　　ゆうやけ子どもクラブ発足三〇周年の年に

村岡真治

むらおか　しんじ
1958年、山口県出身。1983年、上智大学外国語学部卒業。
現在、ゆうやけ子どもクラブ代表、障害のある子どもの放課後保障全国連絡会（全国放課後連）副会長。
趣味は書道。

ゆうやけ子どもクラブ
〒187－0032　東京都小平市小川町1－983
TEL／FAX　042－344－2448

ゆうやけで輝く子どもたち
―障害児の放課後保障と実践のよろこび

2008年6月8日　初版第１刷発行　＊定価はカバーに表示してあります
2021年6月15日　　第６刷発行

著　者　村岡真治
発行所　全国障害者問題研究会出版部
〒169-0051 東京都新宿区西早稲田2-15-10
西早稲田関口ビル４階
Tel.03（5285）2601　Fax.03（5285）2603
http://www.nginet.or.jp/
印刷　ティーケー出版印刷

ISBN978－4－88134－624－2